中华人民共和国
新法规汇编

2023
第3辑

司法部 编

中国法制出版社

编辑说明

一、《中华人民共和国新法规汇编》是国家出版的法律、行政法规汇编正式版本，是刊登报国务院备案并予以登记的部门规章的指定出版物。

二、本汇编收集的内容包括：上一个月内由全国人民代表大会及其常务委员会通过的法律和有关法律问题的决定，国务院公布的行政法规和国务院文件，报国务院备案并予以登记的部门规章，最高人民法院和最高人民检察院公布的司法解释。另外，还收入了上一个月内报国务院备案并予以登记的地方性法规和地方政府规章目录。

三、本汇编所收的内容，按下列分类顺序编排：法律，行政法规，国务院文件，国务院部门规章，司法解释。每类中按公布的时间顺序排列。报国务院备案并予以登记的地方性法规和地方政府规章目录按 1987 年国务院批准的行政区划顺序排列；同一行政区域报备两件以上者，按公布时间顺序排列。

四、本汇编每年出版 12 辑，每月出版 1 辑。本辑为 2023 年度第 3 辑，收入 2023 年 2 月份内公布的行政法规 1 件、国务院文件 1 件、报国务院备案并经审查予以登记编号的部门规章 14 件，共计 16 件。

五、本汇编在编辑出版过程中，得到了国务院有关部门和有关方面以及广大读者的大力支持和协助，在此谨致谢意。

司法部

2023 年 3 月

目　　录

行政法规

国务院文件

国务院部门规章

行政法规

国务院关于废止部分行政法规和文件的决定

（2023 年 2 月 14 日中华人民共和国国务院令第 758 号公布　自 2023 年 3 月 31 日起施行）

为进一步推进“放管服”改革，促进境内企业依法合规利用境外资本市场规范发展，国务院决定废止以下行政法规和文件：

一、国务院关于股份有限公司境外募集股份及上市的特别规定（1994 年 8 月 4 日中华人民共和国国务院令第 160 号发布）

二、国务院关于进一步加强在境外发行股票和上市管理的通知（国发〔1997〕21 号）

本决定自 2023 年 3 月 31 日起施行。

国务院办公厅关于印发中医药振兴发展重大工程实施方案的通知

（2023年2月10日　国办发〔2023〕3号）

《中医药振兴发展重大工程实施方案》已经国务院同意，现印发给你们，请认真贯彻执行。

中医药振兴发展重大工程实施方案

中医药是我国重要的卫生、经济、科技、文化和生态资源，传承创新发展中医药是新时代中国特色社会主义事业的重要内容，是中华民族伟大复兴的大事。为贯彻落实党中央、国务院决策部署，加大“十四五”期间对中医药发展的支持和促进力度，着力推动中医药振兴发展，制定本实施方案。

一、总体要求

（一）指导思想。以习近平新时代中国特色社会主义思想为指导，深入贯彻党的二十大精神，统筹推进“五位一体”总体布局，协调推进“四个全面”战略布局，认真落实党中央、国务院决策部署，坚持稳中求进工作总基调，立足新发展阶段，完整、准确、全面贯彻新发展理念，构建新发展格局，坚持以人民健康为中心，加大投入与体制机制创新并举，统筹力量集中解决重点领域、重要环节的突出问题，破除制约高质量发展的体制机制障碍，着力改善中医药发展条件，发挥中医药特色优势，提升中医药防病治病能力与科研水平，推进中医药振兴发展。

（二）基本原则。

增强能力，服务群众。加大支持力度，加快发展覆盖全生命周期的中医药健康服务，促进中西医协同发展，统筹推进中医药医疗、教育、科研、产业、文化等发展，满足人民群众日益增长的中医药需求。

遵循规律，发挥优势。坚持守正创新，继承不泥古，创新不离宗，遵循中医药自身发展规律，充分利用现代科学成果和技术方法，巩固和发扬中医药特色优势，推进中医药现代化、产业化，推动中医药走向世界。

提高质量，均衡发展。推进高素质人才队伍和优质高效中医药服务体系建设，健全中医药协同创新体系，促进中药质量提升和产业高质量发展。提升基层中医药服务水平，促进中医药优质资源扩容和区域均衡布局。

创新机制，激发活力。在实施重大工程的同时，配套完善符合中医药特点的体制机制和政策措施，充分调动各方积极性，形成合力，激发中医药振兴发展的巨大潜力和活力。

（三）建设目标。到 2025 年，优质高效中医药服务体系加快建设，中医药防病治病水平明显提升，中西医结合服务能力显著增强，中医药科技创新能力显著提高，高素质中医药人才队伍逐步壮大，中药质量不断提升，中医药文化大力弘扬，中医药国际影响力进一步提升，符合中医药特点的体制机制和政策体系不断完善，中医药振兴发展取得明显进展，中医药成为全面推进健康中国建设的重要支撑。

二、中医药健康服务高质量发展工程

着力彰显优势、夯实基层、补齐短板，健全中医药服务体系，促进优质中医医疗资源均衡布局，发挥中医药整体医学优势，提供融预防保健、疾病治疗和康复于一体的中医药健康服务。

（一）中医药服务体系“扬优强弱补短”建设。

1. 建设目标。推进建设优质高效中医药服务体系，基本实现县办中医医疗机构全覆盖，显著提升中医药重大疾病防控救治和应急处置能力，推动优质医疗资源扩容和均衡布局，更好满足群众就近享有高质量中医医疗服务需求。

2. 建设任务。一是在国家医学中心和国家区域医疗中心建设项目总体布局中，依托现有资源，择优遴选建设若干国家中医医学中心；支持高水平中医医院作为输出医院，在优质中医医疗资源短缺、转外就医多的地区，依托当地现有资源，院地合作、省部共建，实施若干国家区域中医医疗中心建设项目。二是建设一批国家中医优势专科，强化设备配备，优化完善中医诊疗方案，提升中医临床疗效。三是以地市级中医医院为重点，建设 130 个左右中医特色突出、临床疗效显著、示范带动作用明显的中医特色重点医院。四是依托现有资源，建设一批中医康复中心，推动地方加强中医康复科建设，提升中医药康复服务能力和水平。五是布局 35 个左右国家中医疫病防治基地，开展中医医院传染病防治能力建设。六是加强县级中医医院“两专科一中心”建设，每个县级中医医院建成 2 个中医特色优势专科和 1 个县域中医药适宜技术推广中心；在县级医院提标扩能项目中，支持脱贫地区、“三区三州”、原中央苏区、易地扶贫搬迁安置地区县级中医医院基础设施建设；依托基础条件比较好的乡镇卫生院，在“三区三州”建设 64 个中医县域医疗中心。七是加强基层医疗卫生机构中医馆建设，实现全部社区卫生服务中心和乡镇卫生院设置中医馆、配备中医医师，提升中医馆服务能力。八是实施名医堂工程，按照品牌化、优质化、规范化、标准化的建设要求，分层级规划布局建设一批名医堂，推动名医团队入驻，服务广大基层群众。

3. 配套措施。一是各级中医药主管部门要会同卫生健康部门、疾控部门进一步健全中西医协同疫病防治机制，确保中医药第一时间参与传染病防治和突发事件卫生应急处置，深度介入预防、治疗和康复全过程。二是各地要切实履行建设主体责任，落实土地、规划等建设条件，加强土地节约集约利用，严格土地使用标准，统筹考虑当地中医药发展基础和建设条件，因地制宜开展建设。三是各地要统筹加大政策支持力度，推进管理体制改革，支持中医医院建立健全现代医院管理制度，落实“两个允许”要求，深化人事薪酬制度改革，完善医院补偿机制，落实中医药服务价格、医保支付倾斜政策，鼓励在中药制剂和中医技术应用等方面制定更加灵活的政策。

4. 部门分工。国家发展改革委、国家中医药局、财政部、国家卫生健康委、人力资源社会保障部、自然资源部、住房城乡建设部、国家医保局、国家疾控局、国家药监局等负责，排第一位的为牵头单位，下同。

（二）中医治未病能力建设。

1. 建设目标。结合实施健康中国行动，通过实施区域中医治未病中心试点建设和重点人群中医药健康促进项目，总结探索中医治未病理念融入健康维护和疾病防治全过程的方式，形成可推广的中医治未病健康工程升级模式。

2. 建设任务。一是推动若干地级市开展区域中医治未病中心试点建设，探索相关政策机制，推广适宜技术，普及健康知识，进一步带动提升区域中医治未病服务能力。二是实施重点人群中医药健康促进项目，开展中医适宜技术防控儿童青少年近视试点、妇幼健康中医适宜技术推广试点。

3. 配套措施。制定落实健康中国行动中医药健康促进专项政策措施。各地要积极实施中医药健康促进行动，加大支持力度，积极探索发挥中医治未病价值作用的政策机制。区域中医治未病中心建设试点城市和重点人群中医药健康促进项目单位要创新思路，探索积累有益经验。

4. 部门分工。国家中医药局、财政部、国家卫生健康委、国家疾控局等负责。

（三）中医药老年健康服务能力建设。

1. 建设目标。积极应对人口老龄化，发展中医药老年健康服务，发挥中医药在老年人慢性病、重大疑难疾病治疗和疾病康复中的重要作用和优势，增加中医药老年健康服务供给，创新服务模式，建成老年医学中医药高地。

2. 建设任务。一是推动有条件的省份依托现有资源，开展老年中医药健康（治未病）中心试点，探索完善中医药老年健康服务模式，提升临床、康复、护理、慢性病管理、科学研究、健康管理能力。二是推动二级以上中医医院加强老年病科建设，增加老年病床数量，开展老年病及相关慢性病防治和康复护理。

3. 配套措施。国家中医药局要进一步完善中医医院老年病科建设标准，制定省级老年中医药健康（治未病）中心建设指南。各地要将中医药老年健康服务纳入本地区健康服务或养老服务相关规划，加大对中医药老年健康服务的支持力度。在中医药老年健康人才培养、学科建设、岗位管理、薪酬分配等方面给予更灵活的政策支持。加强中医药健康、养老服务模式和服务内容探索创新，形成好的经验和做法。

4. 部门分工。国家中医药局、国家卫生健康委、人力资源社会保障部、民政部等负责。

（四）中医药数字便民和综合统计体系建设。

1. 建设目标。基本建成国家中医药综合统计体系、中药质量信息数据标准和统计体系，实现公立中医医院信息互联互通标准化成熟度测评、电子病历系统应用水平分级评价达到国家要求，利用现代信息技术，改善患者就医体验。

2. 建设任务。一是围绕“互联网+医疗健康”“五个一”服务要求，开展智慧中医医院建设，支撑便民惠民服务。二是制定国家中医药综合统计制度，依托现有资源建设国家、省级两级平台，构建统一规范的数据标准和资源目录体系，基本建成国家中医药综合统计体系。三是开展中医医院信息化基础达标建设，推进中医医院通用电子信息系统的开发和试点应用。四是制定国家中药质量信息统计制度，依托现有资源建设国家、省级两级平台，构建统一规范的中药质量信息数据标准和统计体系。

3. 配套措施。国务院有关部门要统筹规划国家中医药综合统计体系，加强部门协调，建设国家级工作平台。各地要将综合统计、信息化工作纳入规划，落实主体责任，配备专职人员，加大实施保障力度，有针对性地开展区域综合试点和各类专项试点。项目单位要高度重视中医药综合统计、信息化建设工作，加强人才队伍建设。

4. 部门分工。国家中医药局、国家药监局、国家统计局牵头负责，财政部、科技部、教育部、国家卫生健康委、农业农村部、国家林草局、工业和信息化部等负责。

三、中西医协同推进工程

建立中西医协同长效机制，健全中西医临床协同体系，提升中西医协同攻关水平，“宜中则中、宜西则西”，为人民群众提供更高水平的中西医结合医疗服务。

（一）中西医结合医疗模式创新建设。

1. 建设目标。建设推广“有机制、有团队、有措施、有成效”的中西医结合医疗模式，提高中西医结合临床水平。

2. 建设任务。建设 50 个左右中西医协同“旗舰”医院、一批中西医协同“旗舰”科室，辐射带动提升区域中西医结合整体水平。

3. 配套措施。各地要支持组建区域中西医协同医疗联合体，将中西医结合工作纳入医院等级评审和绩效考核。项目单位要把建立中西医协同机制和多学科诊疗体系纳入医院章程，将中西医联合查房、会诊纳入医院管理制度，在各主要临床科室配备中医医师，打造中西医协同团队。

4. 部门分工。国家中医药局、国家发展改革委、国家卫生健康委等负责。

（二）重大疑难疾病中西医临床协同建设。

1. 建设目标。促进中西医医疗资源有效整合和中西医医疗技术优势互补，推进诊疗模式改革创新和医学领域创新发展，显著提高部分重大疑难疾病的临床疗效，形成一批独具特色的中西医结合诊疗方案和专家共识。

2. 建设任务。聚焦癌症、心脑血管病、糖尿病、感染性疾病等重大疑难疾病、慢性病和传染性疾病，以提高临床疗效为重点，遴选一批项目单位开展中西医联合攻关。

3. 配套措施。国家中医药局要统筹实施好重大疑难疾病中西医临床协作项目。各地要在人力、物力等方面加大支持力度，结合本地实际，开展省级重大疑难疾病中西医临床协同试点。项目单位要围绕解决重大疑难疾病治疗难点，整合资源、协同攻关，创新诊疗模式。

4. 部门分工。国家中医药局、国家卫生健康委、中央军委后勤保障部、财政部、国家疾控局等负责。

四、中医药传承创新和现代化工程

重点围绕国家战略需求及中医药重大科学问题，布局一批中医药科技创新重点项目和关键技术装备项目，加强中医药科技创新体系建设，提升传承创新能力，加快推进中医药现代化。

（一）中医药科技创新平台建设。

1. 建设目标。跨领域、跨行业整合多学科资源，完善以国家中医药传承创新基础研究、临床研究、技术创新平台为主要支撑的中医药科技创新体系，优化中医药领域科技布局。

2. 建设任务。依托现有资源，建设若干中医药相关多学科交叉融合的全国重点实验室、中医类国家临床医学研究中心和30个左右国家中医药传承创新中心、100个左右国家中医药局重点实验室，提升中医药科技服务能力及协同创新能力。依托国家和省级药品检验机构，建设30个左右国家药监局中药市场质量监控和评价重点实验室、30个左右国家药监局中药安全监测和风险评估重点实验室，整体提升药品检验机构的中药质量评价能力。

3. 配套措施。各地要加大实施保障力度，在运行管理、岗位管理、人才聘用、职称晋升等方面创新机制。支持国家中医药传承创新中心按照有关规定自主开展职称评审。在省级科研项目中加大对中医药科技创新平台的支持力度。注重培育省级中医药科技创新平台，功能互补、错位发展。

4. 部门分工。国家中医药局、科技部、国家发展改革委、中央军委后勤保障部、国家卫生健康委、国家药监局、人力资源社会保障部等负责。

（二）中医药古籍文献传承。

1. 建设目标。提升中医药古籍原生性、再生性保护能力，提高中医药古籍资源的利用效率。

2. 建设任务。一是依托现有数字平台建设中医药古籍数字图书馆，建立中医药古籍人工智能技术应用平台和中医药知识服务系统，推动中医药古籍数字化挖掘，打造中医药古籍数字化服务应用产品。二是依托现有机构，改善中医药行业古籍保护条件，全面开展中医药古籍文物定级、建档、备案工作，加大濒危珍贵古籍保护修复力度，提升中医药古籍保护及利用能力。

3. 配套措施。各地要发挥高等院校和科研院所、中医医疗机构等在古籍保护和现代化应用方面的资源和人才优势。项目单位要把古籍保护工作摆上重要日程，纳入重点工作计划，落实建设经费，加强专业团队建设，改善古籍保护条件。

4. 部门分工。国家中医药局、文化和旅游部、国家文物局、财政部等负责。

（三）中医药科技重点项目研究。

1. 建设目标。布局一批中医药科研项目，系统化诠释中医药科学问题，提升重大疾病临床疗效、中药质量水平，科学阐释中医药机理，完善中医药现代化研究体系。

2. 建设任务。一是开展中医药防治重大疑难疾病临床方案优化研究、中医药疗效与作用机制研究、临床循证研究及评价研究，组织筛选50个中医优势病种。二是开展中医药基础理论研究，推动中医理论的原始创新，阐明作用机制，助力临床精准诊疗。三是研发一批临床疗效好、科技含量高、创新性强、拥有自主知识产权的中药新药。

3. 配套措施。各地要加强政策保障，建立完善多学科联合攻关的中医药科技创新机制。项目单位要加强科研人才培养，完善激励机制，推动产学研医政深度融合。

4. 部门分工。国家中医药局、科技部、人力资源社会保障部、国家药监局等负责。

（四）中医药关键技术装备研究。

1. 建设目标。推动实施中医药现代化关键技术装备项目，提升中医药技术装备水平、产业创新能力及产业化水平，在关键技术装备方面取得突破，为科学研究和产业发展提供支持和保障。

2. 建设任务。一是开展中医特色诊断治疗装备研究，研发中医数字化辅助诊断装备、中医特色疗法智能化装备、中医治未病现代化装备。二是开展中药品质智能辨识与控制工程化技术装备研究，研发推广中药材生产与品质保障、中药饮片智能炮制控制与调剂工程化、中成药制造核心工艺数字化与智能控制等技术装备。三是开展中医药技术装备共性标准等可度量技术规范体系建设和应用转化，研发中医现代“铜人”，开展中医药技术装备在慢性病防控中的应用示范。

3. 配套措施。各地要加强政策保障，引导社会资本参与关键技术装备研发。项目单位要落实知识产权与成果转化收益分配制度，完善激励机制，调动广大中医药科技人员参与关键技术装备研究开发的积极性。

4. 部门分工。国家中医药局、科技部、工业和信息化部、国家卫生健康委、国家药监局等负责。

（五）做大做强中国中医科学院。

1. 建设目标。建设形成布局合理、优势明显的学科体系，发挥中国中医科学院示范引领作用，打造成为中医药科技创新核心基地和创新人才高地。

2. 建设任务。一是调整优化中国中医科学院科技发展布局，加大对基础研究、弱势和小众学科的支持力度，做强一批在国内外有影响力的优势学科。二是加强青蒿素研究中心、中国中医药循证医学中心、中医药疫病防控中心等建设，形成具有行业领先水平的科技创新高地。三是实施中国中医科学院人才强院计划，加强中医药教育教学和人才培养。四是指导省级中医药科研院所加强能力建设。

3. 配套措施。中国中医科学院要深化体制机制改革，创新科研组织模式，赋予科研人员更大的自主权，在岗位设置、薪酬等方面建立更加灵活的政策机制。

4. 部门分工。国家发展改革委、国家中医药局、财政部、教育部、科技部、人力资源社会保障部、国家卫生健康委、国家疾控局等负责。

五、中医药特色人才培养工程（岐黄工程）

加强中医药高层次人才、基层人才队伍建设和人才培养平台建设，建立符合中医药特点的人才培养体系，创新中医药人才发展体制机制，建设以领军人才为引领，青年优秀人才、骨干人才、基层实用人才为主体的高素质中医药特色人才队伍。

（一）高层次人才培养计划。

1. 建设目标。培养具有较大社会影响力和国际竞争力的中医药领军人才、学科团队，搭建高层次人才梯队。

2. 建设任务。一是实施中医药领军人才支持项目，遴选培养50名岐黄学者和200名青年岐黄学者，组建10个国家中医药多学科交叉创新团队和一批国家中医药传承创新团队。二是实施中医药优秀人才研修项目，培养1200名中医临床、少数民族医药、西医学习中医等方面的优秀人才。三是实施中医药骨干人才培养项目，遴选一批全国老中医药专家学术经验继承指导老师和继承人，培养一批中医药骨干师资和中药、护理、康复、管理等方面骨干人才，规范化培训一批中医医师。四是实施综合医院中医药高层次人才支持项目，开展西医学习中医高级人才培养和全国老中医药专家学术经验继承工作，建设一批传承工作室，培养一批中医药骨干人才。

3. 配套措施。国家中医药局负责制定项目实施方案，完善相应的遴选、评价、管理、投入等机制，负责开展终期评价，做好不同层次人才项目衔接，搭建高层次人才发展平台。各地负责过程管理，加强政策等配套衔接，在重大项目建设、评选表彰等方面予以优先支持，形成支持合力。项目单位负责项目日常管理，保证培养对象培训期间的工资及福利待遇。

4. 部门分工。国家中医药局、财政部、国家卫生健康委、人力资源社会保障部、教育部、中央军委后勤保障部等负责。

（二）基层人才培养计划。

1. 建设目标。基层中医药人才队伍规模不断扩大，素质逐步提升，更好适应群众就近享受中医药服务的需求。

2. 建设任务。一是实施基层中医药人才培养项目，招录 7500 名左右中医专业农村订单定向免费培养医学生，支持 1.25 万名中医类别全科医生开展规范化培训、转岗培训，培养 5000 名中医助理全科医生，为中医馆培训一批骨干人才。二是实施革命老区中医药人才振兴项目，在革命老区、国家乡村振兴重点帮扶县等地区，加大中医专业农村订单定向免费培养医学生的培养力度，支持建设全国基层名老中医药专家传承工作室。

3. 配套措施。国务院有关部门负责制定项目实施方案，不定期组织开展考核评估。各地负责过程管理，完善培养使用、待遇保障等政策，落实农村订单定向免费培养医学生就业安置和履约管理相关要求，积极引导人才向基层流动，确保项目实施效果。项目单位负责项目日常管理，保证培养对象培训期间的工资及福利待遇。

4. 部门分工。国家中医药局、财政部、国家卫生健康委、人力资源社会保障部、教育部等负责。

（三）人才平台建设计划。

1. 建设目标。推进中医药学科发展，建设形成一批高水平的人才培养平台，中医药人才培养能力不断提升。

2. 建设任务。一是建设一批重点学科和中医药类一流本科专业。二是建设一批中医临床教学基地。依托已建成的各类机构，遴选若干标准化的中医医师规范化培训实践技能考核基地。三是为第四届国医大师、第二届全国名中医建设传承工作室，新增建设一批老药工、全国名老中医药专家和全国基层名老中医药专家传承工作室。

3. 配套措施。国务院有关部门负责制定项目实施方案，完善相应的遴选、评价、管理、投入等机制，组织项目的实施和评估，集聚高层次人才参与平台建设。各地要加强政策保障，负责过程管理。项目单位要落实团队、场地、设施等软硬件要求，建立管理制度，进行定期评估和报告。

4. 部门分工。国家中医药局、财政部、国家卫生健康委、教育部、中央军委后勤保障部等负责。

六、中药质量提升及产业促进工程

围绕中药种植、生产、使用全过程，充分发挥科技支撑引领作用，加快促进中药材种业发展，大力推进中药材规范种植，提升中药饮片和中成药质量，推动中药产业高质量发展。

（一）中药材种业质量提升。

1. 建设目标。中药材种质资源收集保存、鉴定评价、优良品种选育与良种繁育能力进一步提升，优质种子种苗大规模推广应用，中药资源监测能力明显提高，从源头保障中药材质量。

2. 建设任务。一是支持国家药用植物种质资源库建设。二是引导地方建设一批中药材种子种苗专业化繁育基地,推动制定种子种苗标准。三是依托第四次全国中药资源普查工作成果,健全中药资源动态监测体系。

3. 配套措施。出台中药材种子管理办法,从法规层面规范中药材种子种苗生产经营资质和经营行为,打击种业违法行为。加强部门协同,形成中药资源管理合力。

4. 部门分工。国家中医药局、农业农村部等负责。

(二)中药材规范化种植。

1. 建设目标。道地药材生产布局更加优化,珍稀濒危中药材人工繁育技术取得突破,中药材生产先进适用技术实现有效转化和示范推广,进一步推动中药材资源可持续利用。

2. 建设任务。一是引导地方建设一批道地药材生产基地。二是建设一批珍稀濒危中药材野生抚育、人工繁育基地。三是制定常用300种中药材种植养殖技术规范和操作规程。四是广泛开展中药材生态种植、野生抚育和仿野生栽培,开发30—50种中药材林下种植模式并示范推广。五是统一中药材追溯标准与管理办法,依托现有追溯平台,建立覆盖主要中药材品种的全过程追溯体系。六是依托现有药品监管体系,搭建一批中药材快速检测平台。

3. 配套措施。国务院有关部门出台全国道地药材目录,推进实施中药材生产质量管理规范(GAP),加强道地药材产区规划和规范化种植。各地要强化道地药材资源保护和生产管理,在项目、政策等方面予以倾斜,建立部门协同机制,统筹力量协同推进中药材质量提升。

4. 部门分工。农业农村部、国家中医药局、国家林草局、国家药监局等负责。

(三)中药炮制技术传承创新。

1. 建设目标。深入研究中药炮制理论和技术,阐释中药炮制机理,完善中药饮片质量标准,保证饮片质量。

2. 建设任务。一是建设一批中药炮制技术传承基地,挖掘与传承中药炮制理论和技术。二是开展一批常用中药饮片的质量标准、生产工艺等研究。

3. 配套措施。国务院有关部门出台全国中药饮片炮制规范，完善中药饮片质量控制体系。各地要加强对区域特色饮片和炮制技术的挖掘、整理、传承。

4. 部门分工。国家中医药局、财政部、国家药监局等负责。

（四）中成药综合评价体系建设。

1. 建设目标。涵盖临床有效性安全性评价、质量标准、生产工艺、制剂技术等的中成药综合评价体系基本建成，符合中医药特点的中药新药审评体系进一步完善。

2. 建设任务。一是建立健全中成药临床综合评价方法，系统开展100种中成药的临床综合评价，丰富中成药在用药指征、目标人群、最佳剂量等精准用药信息方面的内涵。二是针对100种中成药建立系统完善、适应发展需求、覆盖生产全流程的标准体系，形成多层次的现代质量控制体系。三是初步建立中医药理论、人用经验和临床试验相结合的审评证据体系，构建符合中药特点的安全评价方法和标准体系。四是开展中成药质量评价方法研究，建立常用中成药质量优劣评价标准。五是完善中药警戒制度，加强中药不良反应监测“哨点”建设。

3. 配套措施。国务院有关部门制定中成药生产质量管理规范，优化完善以《中华人民共和国药典》为核心的中药国家标准的制修订工作机制，协调推动中成药综合评价结果运用和转化。

4. 部门分工。国家中医药局、国家药监局等负责。

七、中医药文化弘扬工程

重点支持中医药博物馆体系建设，深入挖掘和传承中医药精华精髓，推动中医药文化融入群众生产生活、贯穿国民教育始终，实现中医药文化创造性转化、创新性发展。

（一）中医药博物馆建设。

1. 建设目标。国家中医药博物馆及其数字博物馆基本建成并投入试运行，形成布局合理、特色鲜明、功能完备的中医药博物馆体系，更好展示中医药藏品所蕴含的历史价值与文化内涵。

2. 建设任务。加快推进国家中医药博物馆选址立项、基础建设和数字化建设。支持中医药博物馆创建国家一、二、三级博物馆。开展中医药相关文物、史料及代表性见证物的征藏工作，充实完善中医药收藏体系，建设中医药博物馆资源共享平台，构建中医药博物馆数字资源共建共享机制。推动建设一批中医药主题文化园，推出一批精品中医药展览，开发一批具有鲜明中医药特色的文化创意产品。

3. 配套措施。国务院有关部门要在国家中医药博物馆立项、选址、建设方面加大支持力度。各地要将中医药博物馆纳入当地公共文化服务重点项目建设，建立多部门共建共商机制。项目单位要拓展相关经费渠道，提高建设水平，丰富馆藏藏品。引导和鼓励社会力量通过多种方式支持博物馆建设。

4. 部门分工。国家中医药局、国家发展改革委、文化和旅游部、国家文物局、自然资源部、住房城乡建设部等负责。

（二）中医药文化建设。

1. 建设目标。中医药文化传播体系建立健全，形成一批中医药文化精品，中小学中医药文化教育进一步丰富，公民中医药健康文化素养水平在“十四五”末提升至25%左右。

2. 建设任务。一是提炼中医药文化精神标识，挖掘阐释并推广普及名医名家、医籍名方等中医药文化经典元素。二是支持创作高质量的中医药图书、纪录片、影视剧以及各类新媒体产品，打造有代表性的中医药文化节目和中医药动漫作品。三是实施中医药文化传播行动，推动建设一批中医药文化宣传教育基地并达到国家级建设标准，推动建设若干中医药文化体验场馆，支持建设中医药健康文化知识角，广泛开展中医药文化主题活动。四是中小学进一步丰富中医药文化教育，开展中医药文化专题教育活动，建设校园中医药文化角和学生社团。五是培养建立中医药文化传播工作队伍。

3. 配套措施。国家中医药局要组织中医药文化有关研究工作,协调有关部门加大实施保障力度。各地要把中医药文化工作纳入中华优秀传统文化传承发展工程总体框架,对本地区中医药文化资源进行调查整理、挖掘研究,将中医药文化纳入中华优秀传统文化进校园总体安排,有条件的地方积极探索将中医药文化纳入中小学教育教学活动。积极引导社会力量参与中医药文化建设工作。

4. 部门分工。国家中医药局、财政部、国家卫生健康委、中央宣传部、文化和旅游部、国家文物局、教育部、广电总局等负责。

八、中医药开放发展工程

重点支持中医药产学研用开放发展,提升中医药国际影响力,推动中医药传播、应用与发展,助力构建人类卫生健康共同体。

(一)中医药开放发展平台建设。

1. 建设目标。中医药机构参与全球中医药各领域合作的平台更加多样,机制更加灵活,中医药海外认可度和接受度进一步提升。

2. 建设任务。鼓励社会力量持续建设一批高质量中医药海外中心。依托国内中医药机构,拓展建设一批高水平中医药国际合作基地。鼓励和支持社会力量采取市场化方式,与有合作潜力和意愿的国家共同建设一批友好中医医院、中医药产业园。支持中国中医药循证医学中心与世界卫生组织合作,建设传统医学领域的国际临床试验注册平台。

3. 配套措施。指导和鼓励社会资本设立中医药“一带一路”发展基金,参与平台建设工作。各地要明确派出人员晋升、待遇的激励保障政策,对开展中医药领域对外投资合作的企业给予支持。

4. 部门分工。国家中医药局、国家发展改革委、商务部、国务院国资委、国家卫生健康委等负责。

（二）中医药国际影响力提升计划。

1. 建设目标。中医药对外交流合作更加广泛，国际影响力进一步提升。

2. 建设任务。培育世界一流多语种中医药学术期刊，加强与境外知名期刊合作，支持在国际知名学术期刊发表中医药研究成果，在跨国科研合作计划中加大中医药参与力度。建设粤港澳大湾区中医药高地，推动粤港澳大湾区中医药创新发展。

3. 配套措施。国务院有关部门要支持中医药参与相关国际科技创新合作，支持有关高等院校和科研院所建设“一带一路”联合实验室，推动出台中医药传统知识保护条例，建立中医药传统知识保护数据库。

4. 部门分工。国家中医药局、外交部、科技部、商务部、国家卫生健康委、国家药监局等负责。

（三）中医药国际贸易促进计划。

1. 建设目标。中医药服务出口基地在探索外贸新业态新模式中发挥积极作用，中医药国际贸易体制机制不断完善，中医药产品和服务国际贸易总额以及中医药行业贸易便利化水平持续提升。

2. 建设任务。高质量建设中医药服务出口基地，探索中医药服务出口新业态新模式，培育中医药服务国际知名品牌。巩固中医医疗保健、教育培训等传统服务贸易优势，发展“互联网+中医药贸易”。鼓励有实力、信誉好的企业在共建“一带一路”国家构建中医药跨国营销网络，建设中医药产品物流配送中心。支持中医药企业通过中国进出口商品交易会、中国国际服务贸易交易会等平台“走出去”。

3. 配套措施。在中国进出口商品交易会、中国国际服务贸易交易会等开展中医药“走出去”相关活动并探索设立中医药相关展示板块。持续开展中医药服务贸易统计试点工作，完善中医药服务贸易统计方法和指标，进一步优化进出口管理与服务，研究调整中药产品税则号列，提升中医药产品和服务通关便利化水平。各地要完善对中医药服务出口企业的金融等支持政策。

4. 部门分工。国家中医药局、商务部、国家药监局、海关总署、财政部等负责。

(四)中医药国际抗疫合作计划。

1. 建设目标。中医药在新型冠状病毒感染等重大传染病防控国际合作中的参与度显著提升,更多抗疫类中药产品在海外注册和应用。

2. 建设任务。积极推进中医药参与新型冠状病毒感染等重大传染病防控国际合作,组织中医药抗疫国际学术交流活动。建设高水平的中医疫病防治团队,加强抗疫技术和产品国际合作。加强抗疫类中药产品海外注册公共服务平台建设。

3. 配套措施。国务院有关部门要积极组织各地和中医药机构参加有关国际性高级别论坛,推动中医药防治重大传染病合作,完善中医药参与国际关注的公共卫生紧急事件应对机制。各地要出台鼓励企业开展抗疫类中药产品海外注册和应用的政策措施,明确对参与国际抗疫合作人员的激励保障政策。

4. 部门分工。国家中医药局、外交部、国际发展合作署、国家卫生健康委、国家药监局等负责。

九、国家中医药综合改革试点工程

充分调动地方积极性、主动性和创造性,先行先试,以点带面,为全面深化中医药改革探索途径、积累经验。

(一)国家中医药综合改革示范区建设。

1. 建设目标。通过改革体制机制,鼓励在服务模式、产业发展、质量监管等方面先行先试,加快建立健全中医药法规、发展政策举措、管理体系、评价体系和标准体系,提升中医药治理体系和治理能力现代化水平,打造一批中医药事业和产业高质量发展高地,发挥示范带动作用。

2. 建设任务。以省(自治区、直辖市)为主体,分批规划建设10个左右国家中医药综合改革示范区。一是系统落实国家重大战略和中医药传承创新发展任务，加快推动省域中医药高质量发展。二是重点推进综合改革和制度创新在不同领域形成示范。三是在中医药管理体制、服务体系、服务模式、评价体系、人才培养、科技创新、产业发展、文化传播等方面，针对亟需突破的重点难点问题，深化改革，形成经验。

3. 配套措施。国务院有关部门要积极推进示范区布局，强化统筹指导，沟通协调解决问题，在项目、政策等方面予以倾斜，定期开展评估，总结推广经验。各省（自治区、直辖市）要承担主体责任，将示范区建设作为重点工作积极推进，健全示范区建设机制，明确工作职责，完善配套措施，加强改革探索，及时总结经验。

4. 部门分工。国家中医药局、国家发展改革委、国家卫生健康委、工业和信息化部、国家药监局等负责。

（二）医保、医疗、医药联动促进中医药传承创新发展试点建设。

1. 建设目标。遴选部分城市开展试点，鼓励地方发扬首创精神，加快推进有利于促进中医药传承创新发展的医保、医疗、医药联动改革，完善更好发挥中医药特色优势的医改政策。

2. 建设任务。以国家中医药综合改革示范区、综合医改试点省份为重点，在全国选择若干地级市开展试点，优先考虑基层中医药工作示范市。支持试点城市加快健全完善中医药服务体系，制定实施医疗保障支持中医药发展政策措施，建立健全现代医院管理制度，实施中医药健康促进活动，探索形成有利于发挥中医药特色优势的医改政策体系，总结并推广好的经验和做法。

3. 配套措施。国家中医药局要会同有关部门制定试点工作总体方案，加强指导，及时发现并推广各地经验。各试点城市要结合本地实际制定工作方案，健全工作机制，积极组织实施，深入探索体制机制创新，形成典型经验和有益做法。

4. 部门分工。国家中医药局、国家卫生健康委、国家发展改革委、财政部、国家医保局、人力资源社会保障部、国家药监局、国家疾控局等负责。

十、保障措施

（一）强化项目实施。国家中医药局、国家卫生健康委、国家发展改革委要牵头建立跨部门工作机制，各有关地方、部门和单位要按照职责分工，协同做好落实工作。国务院中医药工作部际联席会议有关成员单位要将重大工程实施纳入本单位重点工作，明确工作任务，加强组织协调，抓好落地落实。各有关地方和项目单位要强化主体责任，精心实施项目。

（二）做好资金保障。各地各有关部门要完善投入保障机制，建立持续稳定的中医药发展多元投入机制。科学界定政府和市场投入责任，鼓励引导社会资本参与中医药振兴发展，各级政府在卫生健康投入中统筹安排中医药事业发展经费并加大支持力度。合理划分中央与地方财政事权和支出责任，形成合理投入机制。加强项目统筹规划和预算申报管理，避免资金安排分散重复，优先保障重大专项和重点项目。依法依规加强资金使用管理，保障财政资金专款专用。完善内控机制，提高项目管理水平。强化项目实施的事前事中事后监管，建立绩效评价机制，提高资金使用绩效。

（三）加强监测评估。国家中医药局、国家卫生健康委、国家发展改革委要牵头组织成立专家组，制定评估方案，开展重大工程实施动态监测、中期评估和总结评估。充分发挥第三方评估作用，强化全周期监测，增强评估的客观性、准确性和科学性。加强评估结果应用，建立动态调整机制，对评估中发现的问题，立行立改、即知即改。

（四）注重宣传解读。要加强政策解读，大力宣传中医药振兴发展特别是重大工程实施的进展和成效，宣传中医药维护健康的特色和优势。及时总结提炼地方好的经验和做法，加强典型报道，发挥示范引领作用。及时回应社会关切，提升对中医药的认可度，营造全社会关心和支持中医药发展的良好氛围。

交通运输部关于修改《道路运输从业人员管理规定》的决定

（2022年11月10日交通运输部令2022年第38号公布　自公布之日起施行　国司备字［2023007910］）

交通运输部决定对《道路运输从业人员管理规定》（交通运输部令2019年第18号）作如下修改：

一、将第一条修改为："为加强道路运输从业人员管理，提高道路运输从业人员职业素质，根据《中华人民共和国安全生产法》《中华人民共和国道路运输条例》《危险化学品安全管理条例》以及有关法律、行政法规，制定本规定。"

二、将第二条第一款中的"道路运输经理人和"修改为"道路运输企业主要负责人和安全生产管理人员"；删去第六款。

三、将第五条第二款修改为："县级以上地方交通运输主管部门负责本行政区域内的道路运输从业人员管理工作"；删去第三款。

四、将第六条第四款修改为："鼓励机动车维修企业、机动车驾驶员培训机构优先聘用取得国家职业资格证书或者职业技能等级证书的从业人员从事机动车维修和机动车驾驶员培训工作。"

五、删去第八条中的"每月组织一次考试"和"每季度组织一次考试"。

六、第十一条增加一款，作为第二款："从事4500千克及以下普通货运车辆运营活动的驾驶员，申请从事道路危险货物运输的，应当符合前款第(一)(二)(三)(五)(六)项规定的条件。”

七、将第十四条第二项第三目修改为:“熟悉道路交通安全法规、驾驶理论、机动车构造、交通安全心理学和应急驾驶的基本知识,了解车辆维护和常见故障诊断等有关知识,具备驾驶要领讲解、驾驶动作示范、指导驾驶的教学能力。”

八、删去第十五条、第十六条、第十七条中的“及复印件”。

九、将第十六条第三项修改为:“道路旅客运输驾驶员从业资格证件或者道路货物运输驾驶员从业资格证件或者全日制驾驶职业教育学籍证明(从事4500千克及以下普通货运车辆运营活动的驾驶员除外)”。

十、将第十八条修改为:“交通运输主管部门对符合申请条件的申请人应当在受理考试申请之日起30日内安排考试。”

十一、将第十九条修改为:“交通运输主管部门应当在考试结束5日内公布考试成绩。实施计算机考试的,应当现场公布考试成绩。对考试合格人员,应当自公布考试成绩之日起5日内颁发相应的道路运输从业人员从业资格证件。”

十二、将第二十二条修改为:“交通运输主管部门应当建立道路运输从业人员从业资格管理档案,并推进档案电子化。

道路运输从业人员从业资格管理档案包括:从业资格考试申请材料,从业资格考试及从业资格证件记录,从业资格证件换发、补发、变更记录,违章、事故及诚信考核等。”

十三、删去第二十三条、第三十一条中的“和道路运输管理机构”、第四十八条中的“及道路运输管理机构”。

十四、将第二十四条中的“式样见附件3”修改为“纸质证件和电子证件式样见附件3”。

十五、将第二十七条第二款修改为:“经营性道路客货运输驾驶员、道路危险货物运输从业人员从业资格证件由设区的市级交通运输主管部门发放和管理”;删去第三款。

十六、将第二十八条修改为:“交通运输主管部门应当建立道路运输从业人员从业资格证件管理数据库,推广使用从业资格电子证件。

交通运输主管部门应当结合道路运输从业人员从业资格证件的管理工作,依托信息化系统,推进从业人员管理数据共享,实现异地稽查信息共享、动态资格管理和高频服务事项跨区域协同办理。”

十七、将第二十九条第三款修改为:“道路运输从业人员服务单位等信息变更的,应当到交通运输主管部门办理从业资格证件变更手续。道路运输从业人员申请转籍的,受理地交通运输主管部门应当查询核实相应从业资格证件信息后,重新发放从业资格证件并建立档案,收回原证件并通报原发证机关注销原证件和归档”;删去第四款。

十八、将第三十三条修改为:“交通运输主管部门应当通过信息化手段记录、归集道路运输从业人员的交通运输违法违章等信息。尚未实现信息化管理的,应当将经营性道路客货运输驾驶员、道路危险货物运输从业人员的违章行为记录在《中华人民共和国道路运输从业人员从业资格证》的违章记录栏内,并通报发证机关。发证机关应当将相关信息作为道路运输从业人员诚信考核的依据。”

十九、将第三十四条修改为:“道路运输从业人员诚信考核周期为12个月,从初次领取从业资格证件之日起计算。诚信考核等级分为优良、合格、基本合格和不合格,分别用AAA级、AA级、A级和B级表示。

省级交通运输主管部门应当将道路运输从业人员每年的诚信考核结果向社会公布,供公众查阅。

道路运输从业人员诚信考核具体办法另行制定。”

二十、将第三十七条第二款修改为:“经营性道路客货运输驾驶员和道路危险货物运输驾驶员诚信考核等级为不合格的,应当按照规定参加继续教育。”

二十一、在第三十八条后增加“不得超速行驶和疲劳驾驶”。

二十二、将第四十一条第四款修改为:“道路危险货物运输从业人员应当严格按照道路危险货物运输有关标准进行操作,不得违章作业。”

二十三、增加一条,作为第四十五条:“道路运输企业主要负责人和安全生产管理人员必须具备与本单位所从事的生产经营活动相应的安全生产知识和管理能力,由设区的市级交通运输主管部门对其安全生产知识和管理能力考核合格。考核不得收费。

道路运输企业主要负责人和安全生产管理人员考核管理办法另行制定。”

二十四、第四十五条改为第四十六条,修改为:“违反本规定,有下列行为之一的人员,由县级以上交通运输主管部门责令改正,处 200 元以上 2000 元以下的罚款:

(一)未取得相应从业资格证件,驾驶道路客运车辆的;

(二)使用失效、伪造、变造的从业资格证件,驾驶道路客运车辆的;

(三)超越从业资格证件核定范围,驾驶道路客运车辆的。

驾驶道路货运车辆违反前款规定的,由县级以上交通运输主管部门责令改正,处 200 元罚款。”

二十五、第四十六条改为第四十七条、第四十八条改为第五十条,删去其中的“构成犯罪的,依法追究刑事责任”。

二十六、增加一条,作为第四十九条:“道路运输企业主要负责人和安全生产管理人员未按照规定经考核合格的,由所在地设区的市级交通运输主管部门依照《中华人民共和国安全生产法》第九十七条的规定进行处罚。”

二十七、将第二条、第十三条、第四十三条中的“机动车维修技术人员”统一修改为“机动车维修技术技能人员”。

二十八、将第八条、第十五条、第三十九条、附件 1 中的“道路运输管理机构”统一修改为“交通运输主管部门”。

二十九、在附件3中增加“(二)电子证件式样”。

条文序号和个别文字作相应调整。

本决定自公布之日起施行。

《道路运输从业人员管理规定》根据本决定作相应修改，重新公布。

道路运输从业人员管理规定

(2006年11月23日交通部发布　根据2016年4月21日《交通运输部关于修改〈道路运输从业人员管理规定〉的决定》第一次修正　根据2019年6月21日《交通运输部关于修改〈道路运输从业人员管理规定〉的决定》第二次修正　根据2022年11月10日《交通运输部关于修改〈道路运输从业人员管理规定〉的决定》第三次修正)

第一章　总　　则

第一条　为加强道路运输从业人员管理，提高道路运输从业人员职业素质，根据《中华人民共和国安全生产法》《中华人民共和国道路运输条例》《危险化学品安全管理条例》以及有关法律、行政法规，制定本规定。

第二条　本规定所称道路运输从业人员是指经营性道路客货运输驾驶员、道路危险货物运输从业人员、机动车维修技术技能人员、机动车驾驶培训教练员、道路运输企业主要负责人和安全生产管理人员、其他道路运输从业人员。

经营性道路客货运输驾驶员包括经营性道路旅客运输驾驶员和经营性道路货物运输驾驶员。

道路危险货物运输从业人员包括道路危险货物运输驾驶员、装卸管理人员和押运人员。

机动车维修技术技能人员包括机动车维修技术负责人员、质量检验人员以及从事机修、电器、钣金、涂漆、车辆技术评估(含检测)作业的技术技能人员。

机动车驾驶培训教练员包括理论教练员、驾驶操作教练员、道路客货运输驾驶员从业资格培训教练员和危险货物运输驾驶员从业资格培训教练员。

其他道路运输从业人员是指除上述人员以外的道路运输从业人员,包括道路客运乘务员、机动车驾驶员培训机构教学负责人及结业考核人员、机动车维修企业价格结算员及业务接待员。

第三条　道路运输从业人员应当依法经营,诚实信用,规范操作,文明从业。

第四条　道路运输从业人员管理工作应当公平、公正、公开和便民。

第五条　交通运输部负责全国道路运输从业人员管理工作。

县级以上地方交通运输主管部门负责本行政区域内的道路运输从业人员管理工作。

第二章　从业资格管理

第六条　国家对经营性道路客货运输驾驶员、道路危险货物运输从业人员实行从业资格考试制度。其他实施国家职业资格制度的道路运输从业人员,按照国家职业资格的有关规定执行。

从业资格是对道路运输从业人员所从事的特定岗位职业素质的基本评价。

经营性道路客货运输驾驶员和道路危险货物运输从业人员必须取得相应从业资格,方可从事相应的道路运输活动。

鼓励机动车维修企业、机动车驾驶员培训机构优先聘用取得国家职业资格证书或者职业技能等级证书的从业人员从事机动车维修和机动车驾驶员培训工作。

第七条 道路运输从业人员从业资格考试应当按照交通运输部编制的考试大纲、考试题库、考核标准、考试工作规范和程序组织实施。

第八条 经营性道路客货运输驾驶员从业资格考试由设区的市级交通运输主管部门组织实施。

道路危险货物运输从业人员从业资格考试由设区的市级交通运输主管部门组织实施。

第九条 经营性道路旅客运输驾驶员应当符合下列条件:

(一)取得相应的机动车驾驶证1年以上;

(二)年龄不超过60周岁;

(三)3年内无重大以上交通责任事故;

(四)掌握相关道路旅客运输法规、机动车维修和旅客急救基本知识;

(五)经考试合格,取得相应的从业资格证件。

第十条 经营性道路货物运输驾驶员应当符合下列条件:

(一)取得相应的机动车驾驶证;

(二)年龄不超过60周岁;

(三)掌握相关道路货物运输法规、机动车维修和货物装载保管基本知识;

(四)经考试合格,取得相应的从业资格证件。

第十一条 道路危险货物运输驾驶员应当符合下列条件:

(一)取得相应的机动车驾驶证;

(二)年龄不超过60周岁;

(三)3年内无重大以上交通责任事故;

(四)取得经营性道路旅客运输或者货物运输驾驶员从业资格2年以上或者接受全日制驾驶职业教育的;

(五)接受相关法规、安全知识、专业技术、职业卫生防护和应急救援知识的培训,了解危险货物性质、危害特征、包装容器的使用特性和发生意外时的应急措施;

（六）经考试合格，取得相应的从业资格证件。

从事4500千克及以下普通货运车辆运营活动的驾驶员，申请从事道路危险货物运输的，应当符合前款第（一）（二）（三）（五）（六）项规定的条件。

第十二条 道路危险货物运输装卸管理人员和押运人员应当符合下列条件：

（一）年龄不超过60周岁；

（二）初中以上学历；

（三）接受相关法规、安全知识、专业技术、职业卫生防护和应急救援知识的培训，了解危险货物性质、危害特征、包装容器的使用特性和发生意外时的应急措施；

（四）经考试合格，取得相应的从业资格证件。

第十三条 机动车维修技术技能人员应当符合下列条件：

（一）技术负责人员

1. 具有机动车维修或者相关专业大专以上学历，或者具有机动车维修或相关专业中级以上专业技术职称；

2. 熟悉机动车维修业务，掌握机动车维修相关政策法规和技术规范。

（二）质量检验人员

1. 具有高中以上学历；

2. 熟悉机动车维修检测作业规范，掌握机动车维修故障诊断和质量检验的相关技术，熟悉机动车维修服务标准相关政策法规和技术规范。

（三）从事机修、电器、钣金、涂漆、车辆技术评估（含检测）作业的技术技能人员

1. 具有初中以上学历；

2. 熟悉所从事工种的维修技术和操作规范，并了解机动车维修相关政策法规。

第十四条 机动车驾驶培训教练员应当符合下列条件：

（一）理论教练员

1. 取得机动车驾驶证，具有 2 年以上安全驾驶经历；

2. 具有汽车及相关专业中专以上学历或者汽车及相关专业中级以上技术职称；

3. 掌握道路交通安全法规、驾驶理论、机动车构造、交通安全心理学、常用伤员急救等安全驾驶知识，了解车辆环保和节约能源的有关知识，了解教育学、教育心理学的基本教学知识，具备编写教案、规范讲解的授课能力。

（二）驾驶操作教练员

1. 取得相应的机动车驾驶证，符合安全驾驶经历和相应车型驾驶经历的要求；

2. 年龄不超过 60 周岁；

3. 熟悉道路交通安全法规、驾驶理论、机动车构造、交通安全心理学和应急驾驶的基本知识，了解车辆维护和常见故障诊断等有关知识，具备驾驶要领讲解、驾驶动作示范、指导驾驶的教学能力。

（三）道路客货运输驾驶员从业资格培训教练员

1. 具有汽车及相关专业大专以上学历或者汽车及相关专业高级以上技术职称；

2. 掌握道路旅客运输法规、货物运输法规以及机动车维修、货物装卸保管和旅客急救等相关知识，具备相应的授课能力；

3. 具有 2 年以上从事普通机动车驾驶员培训的教学经历，且近 2 年无不良的教学记录。

（四）危险货物运输驾驶员从业资格培训教练员

1. 具有化工及相关专业大专以上学历或者化工及相关专业高级以上技术职称；

2. 掌握危险货物运输法规、危险化学品特性、包装容器使用方法、职业安全防护和应急救援等知识，具备相应的授课能力；

3. 具有 2 年以上化工及相关专业的教学经历，且近 2 年无不良的教学记录。

第十五条 申请参加经营性道路客货运输驾驶员从业资格考试的人员，应当向其户籍地或者暂住地设区的市级交通运输主管部门提出申请，填写《经营性道路客货运输驾驶员从业资格考试申请表》（式样见附件1），并提供下列材料：

（一）身份证明；

（二）机动车驾驶证；

（三）申请参加道路旅客运输驾驶员从业资格考试的，还应当提供道路交通安全主管部门出具的3年内无重大以上交通责任事故记录证明。

第十六条 申请参加道路危险货物运输驾驶员从业资格考试的，应当向其户籍地或者暂住地设区的市级交通运输主管部门提出申请，填写《道路危险货物运输从业人员从业资格考试申请表》（式样见附件2），并提供下列材料：

（一）身份证明；

（二）机动车驾驶证；

（三）道路旅客运输驾驶员从业资格证件或者道路货物运输驾驶员从业资格证件或者全日制驾驶职业教育学籍证明（从事4500千克及以下普通货运车辆运营活动的驾驶员除外）；

（四）相关培训证明；

（五）道路交通安全主管部门出具的3年内无重大以上交通责任事故记录证明。

第十七条 申请参加道路危险货物运输装卸管理人员和押运人员从业资格考试的，应当向其户籍地或者暂住地设区的市级交通运输主管部门提出申请，填写《道路危险货物运输从业人员从业资格考试申请表》，并提供下列材料：

（一）身份证明；

（二）学历证明；

（三）相关培训证明。

第十八条 交通运输主管部门对符合申请条件的申请人应当在受理考试申请之日起30日内安排考试。

第十九条 交通运输主管部门应当在考试结束5日内公布考试成绩。实施计算机考试的,应当现场公布考试成绩。对考试合格人员,应当自公布考试成绩之日起5日内颁发相应的道路运输从业人员从业资格证件。

第二十条 道路运输从业人员从业资格考试成绩有效期为1年,考试成绩逾期作废。

第二十一条 申请人在从业资格考试中有舞弊行为的,取消当次考试资格,考试成绩无效。

第二十二条 交通运输主管部门应当建立道路运输从业人员从业资格管理档案,并推进档案电子化。

道路运输从业人员从业资格管理档案包括:从业资格考试申请材料,从业资格考试及从业资格证件记录,从业资格证件换发、补发、变更记录,违章、事故及诚信考核等。

第二十三条 交通运输主管部门应当向社会提供道路运输从业人员相关从业信息的查询服务。

第三章 从业资格证件管理

第二十四条 经营性道路客货运输驾驶员、道路危险货物运输从业人员经考试合格后,取得《中华人民共和国道路运输从业人员从业资格证》(纸质证件和电子证件式样见附件3)。

第二十五条 道路运输从业人员从业资格证件全国通用。

第二十六条 已获得从业资格证件的人员需要增加相应从业资格类别的,应当向原发证机关提出申请,并按照规定参加相应培训和考试。

第二十七条 道路运输从业人员从业资格证件由交通运输部统一印制并编号。

经营性道路客货运输驾驶员、道路危险货物运输从业人员从业资格证件由设区的市级交通运输主管部门发放和管理。

第二十八条 交通运输主管部门应当建立道路运输从业人员从业资格证件管理数据库,推广使用从业资格电子证件。

交通运输主管部门应当结合道路运输从业人员从业资格证件的管理工作,依托信息化系统,推进从业人员管理数据共享,实现异地稽查信息共享、动态资格管理和高频服务事项跨区域协同办理。

第二十九条 道路运输从业人员从业资格证件有效期为6年。道路运输从业人员应当在从业资格证件有效期届满30日前到原发证机关办理换证手续。

道路运输从业人员从业资格证件遗失、毁损的,应当到原发证机关办理证件补发手续。

道路运输从业人员服务单位等信息变更的,应当到交通运输主管部门办理从业资格证件变更手续。道路运输从业人员申请转籍的,受理地交通运输主管部门应当查询核实相应从业资格证件信息后,重新发放从业资格证件并建立档案,收回原证件并通报原发证机关注销原证件和归档。

第三十条 道路运输从业人员办理换证、补证和变更手续,应当填写《道路运输从业人员从业资格证件换发、补发、变更登记表》(式样见附件4)。

第三十一条 交通运输主管部门应当对符合要求的从业资格证件换发、补发、变更申请予以办理。

申请人违反相关从业资格管理规定且尚未接受处罚的,受理机关应当在其接受处罚后换发、补发、变更相应的从业资格证件。

第三十二条 道路运输从业人员有下列情形之一的,由发证机关注销其从业资格证件:

(一)持证人死亡的;

(二)持证人申请注销的;

（三）经营性道路客货运输驾驶员、道路危险货物运输从业人员年龄超过60周岁的；

（四）经营性道路客货运输驾驶员、道路危险货物运输驾驶员的机动车驾驶证被注销或者被吊销的；

（五）超过从业资格证件有效期180日未申请换证的。

凡被注销的从业资格证件，应当由发证机关予以收回，公告作废并登记归档；无法收回的，从业资格证件自行作废。

第三十三条 交通运输主管部门应当通过信息化手段记录、归集道路运输从业人员的交通运输违法违章等信息。尚未实现信息化管理的，应当将经营性道路客货运输驾驶员、道路危险货物运输从业人员的违章行为记录在《中华人民共和国道路运输从业人员从业资格证》的违章记录栏内，并通报发证机关。发证机关应当将相关信息作为道路运输从业人员诚信考核的依据。

第三十四条 道路运输从业人员诚信考核周期为12个月，从初次领取从业资格证件之日起计算。诚信考核等级分为优良、合格、基本合格和不合格，分别用AAA级、AA级、A级和B级表示。

省级交通运输主管部门应当将道路运输从业人员每年的诚信考核结果向社会公布，供公众查阅。

道路运输从业人员诚信考核具体办法另行制定。

第四章　从业行为规定

第三十五条 经营性道路客货运输驾驶员以及道路危险货物运输从业人员应当在从业资格证件许可的范围内从事道路运输活动。道路危险货物运输驾驶员除可以驾驶道路危险货物运输车辆外，还可以驾驶原从业资格证件许可的道路旅客运输车辆或者道路货物运输车辆。

第三十六条 道路运输从业人员在从事道路运输活动时，应当携带相应的从业资格证件，并应当遵守国家相关法规和道路运输安全操作规程，不得违法经营、违章作业。

第三十七条 道路运输从业人员应当按照规定参加国家相关法规、职业道德及业务知识培训。

经营性道路客货运输驾驶员和道路危险货物运输驾驶员诚信考核等级为不合格的，应当按照规定参加继续教育。

第三十八条 经营性道路客货运输驾驶员和道路危险货物运输驾驶员不得超限、超载运输，连续驾驶时间不得超过 4 个小时，不得超速行驶和疲劳驾驶。

第三十九条 经营性道路旅客运输驾驶员和道路危险货物运输驾驶员应当按照规定填写行车日志。行车日志式样由省级交通运输主管部门统一制定。

第四十条 经营性道路旅客运输驾驶员应当采取必要措施保证旅客的人身和财产安全，发生紧急情况时，应当积极进行救护。

经营性道路货物运输驾驶员应当采取必要措施防止货物脱落、扬撒等。

严禁驾驶道路货物运输车辆从事经营性道路旅客运输活动。

第四十一条 道路危险货物运输驾驶员应当按照道路交通安全主管部门指定的行车时间和路线运输危险货物。

道路危险货物运输装卸管理人员应当按照安全作业规程对道路危险货物装卸作业进行现场监督，确保装卸安全。

道路危险货物运输押运人员应当对道路危险货物运输进行全程监管。

道路危险货物运输从业人员应当严格按照道路危险货物运输有关标准进行操作，不得违章作业。

第四十二条 在道路危险货物运输过程中发生燃烧、爆炸、污染、中毒或者被盗、丢失、流散、泄漏等事故，道路危险货物运输驾驶员、押运人员应当立即向当地公安部门和所在运输企业或者单位报告，说明事故情况、危险货物品名和特性，并采取一切可能的警示措施和应急措施，积极配合有关部门进行处置。

第四十三条 机动车维修技术技能人员应当按照维修规范和程序作业,不得擅自扩大维修项目,不得使用假冒伪劣配件,不得擅自改装机动车,不得承修已报废的机动车,不得利用配件拼装机动车。

第四十四条 机动车驾驶培训教练员应当按照全国统一的教学大纲实施教学,规范填写教学日志和培训记录,不得擅自减少学时和培训内容。

第四十五条 道路运输企业主要负责人和安全生产管理人员必须具备与本单位所从事的生产经营活动相应的安全生产知识和管理能力,由设区的市级交通运输主管部门对其安全生产知识和管理能力考核合格。考核不得收费。

道路运输企业主要负责人和安全生产管理人员考核管理办法另行制定。

第五章 法律责任

第四十六条 违反本规定,有下列行为之一的人员,由县级以上交通运输主管部门责令改正,处 200 元以上 2000 元以下的罚款:

(一)未取得相应从业资格证件,驾驶道路客运车辆的;

(二)使用失效、伪造、变造的从业资格证件,驾驶道路客运车辆的;

(三)超越从业资格证件核定范围,驾驶道路客运车辆的。

驾驶道路货运车辆违反前款规定的,由县级以上交通运输主管部门责令改正,处 200 元罚款。

第四十七条 违反本规定,有下列行为之一的人员,由设区的市级交通运输主管部门处 5 万元以上 10 万元以下的罚款:

(一)未取得相应从业资格证件,从事道路危险货物运输活动的;

(二)使用失效、伪造、变造的从业资格证件,从事道路危险货物运输活动的;

(三)超越从业资格证件核定范围,从事道路危险货物运输活动的。

第四十八条　道路运输从业人员有下列不具备安全条件情形之一的,由发证机关撤销其从业资格证件:

(一)经营性道路客货运输驾驶员、道路危险货物运输从业人员身体健康状况不符合有关机动车驾驶和相关从业要求且没有主动申请注销从业资格的;

(二)经营性道路客货运输驾驶员、道路危险货物运输驾驶员发生重大以上交通事故,且负主要责任的;

(三)发现重大事故隐患,不立即采取消除措施,继续作业的。

被撤销的从业资格证件应当由发证机关公告作废并登记归档。

第四十九条　道路运输企业主要负责人和安全生产管理人员未按照规定经考核合格的,由所在地设区的市级交通运输主管部门依照《中华人民共和国安全生产法》第九十七条的规定进行处罚。

第五十条　违反本规定,交通运输主管部门工作人员有下列情形之一的,依法给予行政处分:

(一)不按规定的条件、程序和期限组织从业资格考试的;

(二)发现违法行为未及时查处的;

(三)索取、收受他人财物及谋取其他不正当利益的;

(四)其他违法行为。

第六章　附　　则

第五十一条　从业资格考试收费标准和从业资格证件工本费由省级以上交通运输主管部门会同同级财政部门、物价部门核定。

第五十二条　使用总质量 4500 千克及以下普通货运车辆的驾驶人员,不适用本规定。

第五十三条　本规定自 2007 年 3 月 1 日起施行。2001 年 9 月 6 日公布的《营业性道路运输驾驶员职业培训管理规定》(交通部令 2001 年第 7 号)同时废止。

附件 1

经营性道路客货运输驾驶员从业资格考试申请表

<table>
<tr><td>姓　名</td><td></td><td>性　别</td><td></td><td>学　历</td><td></td><td rowspan="5">照
片</td></tr>
<tr><td>住　址</td><td colspan="5">（电话）</td></tr>
<tr><td>工作单位</td><td colspan="5">（电话）</td></tr>
<tr><td>身份证号</td><td colspan="5"></td></tr>
<tr><td>培训单位</td><td colspan="5"></td></tr>
<tr><td>驾驶证准驾车型</td><td colspan="2"></td><td colspan="2">初领驾驶证日期</td><td colspan="2">年　月　日</td></tr>
<tr><td>申请种类</td><td colspan="6">初领□　增加□</td></tr>
<tr><td>原从业资格证件号</td><td colspan="6"></td></tr>
<tr><td>申请类别</td><td colspan="3">道路旅客运输□</td><td colspan="3">道路货物运输□</td></tr>
<tr><td>材料清单</td><td colspan="6">身份证明□　驾驶证□
无重大以上责任事故记录证明□</td></tr>
<tr><td>承　诺</td><td colspan="6">本人承诺上述所有内容真实、有效，并承担由此产生的法律责任。

本人签字：　日期：</td></tr>
<tr><td rowspan="5">考试记录</td><td>成绩</td><td colspan="2">考　核　员</td><td colspan="3">考　核　员</td></tr>
<tr><td></td><td colspan="2"></td><td colspan="3"></td></tr>
<tr><td></td><td colspan="2"></td><td colspan="3"></td></tr>
<tr><td></td><td colspan="2"></td><td colspan="3"></td></tr>
<tr><td></td><td colspan="2"></td><td colspan="3"></td></tr>
<tr><td>交通运输
主管部门意见</td><td colspan="6">

（盖章）
年　月　日</td></tr>
<tr><td rowspan="2">从业资格证件发放</td><td>发放人（签字）</td><td colspan="2"></td><td>日期</td><td colspan="2"></td></tr>
<tr><td>领取人（签字）</td><td colspan="2"></td><td>日期</td><td colspan="2"></td></tr>
</table>

附件2

道路危险货物运输从业人员
从业资格考试申请表

<table>
<tr><td>姓　名</td><td></td><td>性　别</td><td></td><td>学　历</td><td></td><td rowspan="5">照
片</td></tr>
<tr><td>住　址</td><td colspan="5">（电话）</td></tr>
<tr><td>工作单位</td><td colspan="5">（电话）</td></tr>
<tr><td>身份证号</td><td colspan="5"></td></tr>
<tr><td>培训单位</td><td colspan="5"></td></tr>
<tr><td>原从业资格证件号</td><td colspan="6"></td></tr>
<tr><td>驾驶证准驾车型</td><td colspan="2"></td><td colspan="2">初领驾驶证日期</td><td colspan="2">年　月　日</td></tr>
<tr><td>申请类别</td><td colspan="2">道路危险货物
运输驾驶员□</td><td colspan="2">道路危险货物运输
装卸管理人员□</td><td colspan="2">道路危险货物
运输押运人员□</td></tr>
<tr><td>材料清单</td><td colspan="6">身份证明□　学历证明□　危险货物运输培训证明□
驾驶证□　道路旅客运输从业资格证□
道路货物运输从业资格证□　无重大以上责任事故记录证明□
全日制驾驶职业教育学籍证明□</td></tr>
<tr><td>承　诺</td><td colspan="6">本人承诺上述所有内容真实、有效，并承担由此产生的法律责任。

本人签字：　　日期：</td></tr>
<tr><td rowspan="4">考试记录</td><td>成绩</td><td colspan="2">考　核　员</td><td colspan="3">考　核　员</td></tr>
<tr><td></td><td colspan="2"></td><td colspan="3"></td></tr>
<tr><td></td><td colspan="2"></td><td colspan="3"></td></tr>
<tr><td></td><td colspan="2"></td><td colspan="3"></td></tr>
<tr><td>交通运输
主管部门意见</td><td colspan="6">（盖章）
年　月　日</td></tr>
<tr><td rowspan="2">从业资格证件发放</td><td>发放人（签字）</td><td colspan="2"></td><td>日期</td><td colspan="2"></td></tr>
<tr><td>领取人（签字）</td><td colspan="2"></td><td>日期</td><td colspan="2"></td></tr>
</table>

附件 3

中华人民共和国道路运输从业人员从业资格证式样

（一）纸质证件式样

<table>
<tr><td>中华人民共和国交通运输部制</td><td>中华人民共和国

道路运输从业人员
从业资格证</td></tr>
</table>

（封底）　　（封面）

<table>
<tr><td>编号：No.</td><td>照
片
（二寸）

发证机关（钢印）</td></tr>
</table>

（封二）　　（第 1 页）

姓　名		性别	
出生日期		国籍	
住　址			
证　号			
准驾车型			
二维码区			

（第 2 页）

发证机关	从业资格类别：
	初次领证日期　　年　月　日 有效起始日期　　年　月　日 有效期限　　（盖章）
发证机关	从业资格类别：
	初次领证日期　　年　月　日 有效起始日期　　年　月　日 有效期限　　（盖章）
发证机关	从业资格类别：
	初次领证日期　　年　月　日 有效起始日期　　年　月　日 有效期限　　（盖章）

（第 3 页）

注册(登记)记录	
从业资格类别	记录内容

（第 4 页）

继续教育记录	
从业资格类别	记录内容

（第 5 页）

诚信（信誉）考核记录		
从业资格类别	年度	考核结果

（第6页）

违章和计分记录	
从业资格类别	记录内容

（第7页）

违章和计分记录	
从业资格类别	记录内容

（第8页）

证件使用说明

1. 本证为道路运输从业资格的有效证件，在全国范围内通用，必须随身携带。

2. 本证有效期届满30日前需到原发证机关办理换证手续。本证遗失、毁损或变更的，需到原发证机关办理证件补发或变更手续。

3. 持证人员需按从业资格管理规定进行注册（登记），并按期进行继续教育、诚信（信誉）考核。

（第9页）

说明：

1. 封面

字体字号分别为：

“中华人民共和国道路运输从业人员”——17 磅汉仪楷体简体，烫金压凹。

“从业资格证”——24 磅汉仪楷体简体，烫金压凹。

“国徽”——宽 33mm，高 35mm，烫金压凹。

2. 封底

“中华人民共和国交通运输部制”——10 磅汉仪楷体简体，压凹。

3. 成品尺寸：宽 80mm，高 115mm。

4. 第 2、3 页内容只能打印，禁止手写或者涂改。采用电子证件的，应当包含本式样所确定的相关信息。

5. 第 3 页发证机关栏中，每栏的从业资格类别打印 1 类从业资格类别汉字全称，示例：经营性道路旅客运输驾驶员。每证不超过 3 类从业资格类别，按取得从业资格的先后顺序由上到下依次打印。

6. 第 4—8 页注册（登记）、继续教育、诚信（信誉）考核、违章和计分等记录对应的从业资格类别栏打印从业资格类别汉字简称，示例：客运驾驶员。

（二）电子证件式样

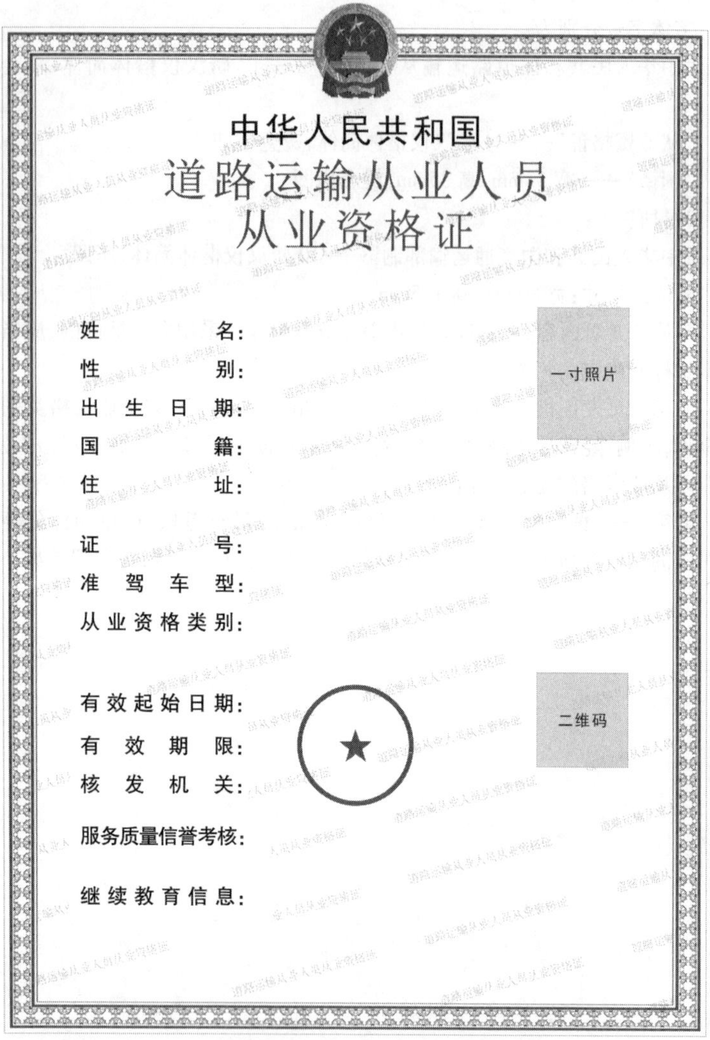

中华人民共和国

道路运输从业人员

从业资格证

姓　　名：

性　　别：

出生日期：

国　　籍：

住　　址：

证　　号：

准驾车型：

从业资格类别：

有效起始日期：

有效期限：

核发机关：

服务质量信誉考核：

继续教育信息：

一寸照片

二维码

中华人民共和国交通运输部监制

注：关于电子证件的具体要求，参见《道路运输电子证照从业资格证》（JT/T 1290）相关规定。

附件 4

道路运输从业人员从业资格证件
换发、补发、变更登记表

<table>
<tr><td>姓　名</td><td></td><td>性　别</td><td></td><td>学　历</td><td></td><td rowspan="4">照
片</td></tr>
<tr><td>住　址</td><td colspan="5">（电话）</td></tr>
<tr><td>工作单位</td><td colspan="5">（电话）</td></tr>
<tr><td>身份证号</td><td colspan="5"></td></tr>
<tr><td>驾驶证准驾车型</td><td colspan="2"></td><td colspan="2">初领驾驶证日期</td><td colspan="2"></td></tr>
<tr><td>原从业资格证件号</td><td colspan="2"></td><td colspan="2">初领从业资格
证件日期</td><td colspan="2">年　月　日</td></tr>
<tr><td>申请种类</td><td colspan="2">换发□</td><td colspan="2">补发□</td><td colspan="2">变更□</td></tr>
<tr><td>申请理由</td><td colspan="6"></td></tr>
<tr><td>承　　诺</td><td colspan="6">本人承诺上述所有内容真实、有效，并承担由此产生的法律责任。

本人签字：　　　　日期：</td></tr>
<tr><td>管理部门意见</td><td colspan="6">（盖章）
年　月　日</td></tr>
<tr><td rowspan="2">从业资格证件发放</td><td>发放人（签字）</td><td colspan="2"></td><td>日期</td><td colspan="2"></td></tr>
<tr><td>领取人（签字）</td><td colspan="2"></td><td>日期</td><td colspan="2"></td></tr>
</table>

互联网信息服务深度合成管理规定

（2022 年 11 月 25 日国家互联网信息办公室、工业和信息化部、公安部令第 12 号公布　自 2023 年 1 月 10 日起施行　国司备字[2023008170]）

第一章　总　　则

第一条　为了加强互联网信息服务深度合成管理，弘扬社会主义核心价值观，维护国家安全和社会公共利益，保护公民、法人和其他组织的合法权益，根据《中华人民共和国网络安全法》、《中华人民共和国数据安全法》、《中华人民共和国个人信息保护法》、《互联网信息服务管理办法》等法律、行政法规，制定本规定。

第二条　在中华人民共和国境内应用深度合成技术提供互联网信息服务（以下简称深度合成服务），适用本规定。法律、行政法规另有规定的，依照其规定。

第三条　国家网信部门负责统筹协调全国深度合成服务的治理和相关监督管理工作。国务院电信主管部门、公安部门依据各自职责负责深度合成服务的监督管理工作。

地方网信部门负责统筹协调本行政区域内的深度合成服务的治理和相关监督管理工作。地方电信主管部门、公安部门依据各自职责负责本行政区域内的深度合成服务的监督管理工作。

第四条　提供深度合成服务，应当遵守法律法规，尊重社会公德和伦理道德，坚持正确政治方向、舆论导向、价值取向，促进深度合成服务向上向善。

第五条　鼓励相关行业组织加强行业自律，建立健全行业标准、行业准则和自律管理制度，督促指导深度合成服务提供者和技术支持者制定完善业务规范、依法开展业务和接受社会监督。

第二章　一般规定

第六条　任何组织和个人不得利用深度合成服务制作、复制、发布、传播法律、行政法规禁止的信息，不得利用深度合成服务从事危害国家安全和利益、损害国家形象、侵害社会公共利益、扰乱经济和社会秩序、侵犯他人合法权益等法律、行政法规禁止的活动。

深度合成服务提供者和使用者不得利用深度合成服务制作、复制、发布、传播虚假新闻信息。转载基于深度合成服务制作发布的新闻信息的，应当依法转载互联网新闻信息稿源单位发布的新闻信息。

第七条　深度合成服务提供者应当落实信息安全主体责任，建立健全用户注册、算法机制机理审核、科技伦理审查、信息发布审核、数据安全、个人信息保护、反电信网络诈骗、应急处置等管理制度，具有安全可控的技术保障措施。

第八条　深度合成服务提供者应当制定和公开管理规则、平台公约，完善服务协议，依法依约履行管理责任，以显著方式提示深度合成服务技术支持者和使用者承担信息安全义务。

第九条　深度合成服务提供者应当基于移动电话号码、身份证件号码、统一社会信用代码或者国家网络身份认证公共服务等方式，依法对深度合成服务使用者进行真实身份信息认证，不得向未进行真实身份信息认证的深度合成服务使用者提供信息发布服务。

第十条　深度合成服务提供者应当加强深度合成内容管理，采取技术或者人工方式对深度合成服务使用者的输入数据和合成结果进行审核。

深度合成服务提供者应当建立健全用于识别违法和不良信息的特征库，完善入库标准、规则和程序，记录并留存相关网络日志。

深度合成服务提供者发现违法和不良信息的,应当依法采取处置措施,保存有关记录,及时向网信部门和有关主管部门报告;对相关深度合成服务使用者依法依约采取警示、限制功能、暂停服务、关闭账号等处置措施。

第十一条 深度合成服务提供者应当建立健全辟谣机制,发现利用深度合成服务制作、复制、发布、传播虚假信息的,应当及时采取辟谣措施,保存有关记录,并向网信部门和有关主管部门报告。

第十二条 深度合成服务提供者应当设置便捷的用户申诉和公众投诉、举报入口,公布处理流程和反馈时限,及时受理、处理和反馈处理结果。

第十三条 互联网应用商店等应用程序分发平台应当落实上架审核、日常管理、应急处置等安全管理责任,核验深度合成类应用程序的安全评估、备案等情况;对违反国家有关规定的,应当及时采取不予上架、警示、暂停服务或者下架等处置措施。

第三章 数据和技术管理规范

第十四条 深度合成服务提供者和技术支持者应当加强训练数据管理,采取必要措施保障训练数据安全;训练数据包含个人信息的,应当遵守个人信息保护的有关规定。

深度合成服务提供者和技术支持者提供人脸、人声等生物识别信息编辑功能的,应当提示深度合成服务使用者依法告知被编辑的个人,并取得其单独同意。

第十五条 深度合成服务提供者和技术支持者应当加强技术管理,定期审核、评估、验证生成合成类算法机制机理。

深度合成服务提供者和技术支持者提供具有以下功能的模型、模板等工具的,应当依法自行或者委托专业机构开展安全评估:

（一）生成或者编辑人脸、人声等生物识别信息的；

（二）生成或者编辑可能涉及国家安全、国家形象、国家利益和社会公共利益的特殊物体、场景等非生物识别信息的。

第十六条 深度合成服务提供者对使用其服务生成或者编辑的信息内容，应当采取技术措施添加不影响用户使用的标识，并依照法律、行政法规和国家有关规定保存日志信息。

第十七条 深度合成服务提供者提供以下深度合成服务，可能导致公众混淆或者误认的，应当在生成或者编辑的信息内容的合理位置、区域进行显著标识，向公众提示深度合成情况：

（一）智能对话、智能写作等模拟自然人进行文本的生成或者编辑服务；

（二）合成人声、仿声等语音生成或者显著改变个人身份特征的编辑服务；

（三）人脸生成、人脸替换、人脸操控、姿态操控等人物图像、视频生成或者显著改变个人身份特征的编辑服务；

（四）沉浸式拟真场景等生成或者编辑服务；

（五）其他具有生成或者显著改变信息内容功能的服务。

深度合成服务提供者提供前款规定之外的深度合成服务的，应当提供显著标识功能，并提示深度合成服务使用者可以进行显著标识。

第十八条 任何组织和个人不得采用技术手段删除、篡改、隐匿本规定第十六条和第十七条规定的深度合成标识。

第四章 监督检查与法律责任

第十九条 具有舆论属性或者社会动员能力的深度合成服务提供者，应当按照《互联网信息服务算法推荐管理规定》履行备案和变更、注销备案手续。

深度合成服务技术支持者应当参照前款规定履行备案和变

更、注销备案手续。

完成备案的深度合成服务提供者和技术支持者应当在其对外提供服务的网站、应用程序等的显著位置标明其备案编号并提供公示信息链接。

第二十条 深度合成服务提供者开发上线具有舆论属性或者社会动员能力的新产品、新应用、新功能的,应当按照国家有关规定开展安全评估。

第二十一条 网信部门和电信主管部门、公安部门依据职责对深度合成服务开展监督检查。深度合成服务提供者和技术支持者应当依法予以配合,并提供必要的技术、数据等支持和协助。

网信部门和有关主管部门发现深度合成服务存在较大信息安全风险的,可以按照职责依法要求深度合成服务提供者和技术支持者采取暂停信息更新、用户账号注册或者其他相关服务等措施。深度合成服务提供者和技术支持者应当按照要求采取措施,进行整改,消除隐患。

第二十二条 深度合成服务提供者和技术支持者违反本规定的,依照有关法律、行政法规的规定处罚;造成严重后果的,依法从重处罚。

构成违反治安管理行为的,由公安机关依法给予治安管理处罚;构成犯罪的,依法追究刑事责任。

第五章 附 则

第二十三条 本规定中下列用语的含义:

深度合成技术,是指利用深度学习、虚拟现实等生成合成类算法制作文本、图像、音频、视频、虚拟场景等网络信息的技术,包括但不限于:

(一)篇章生成、文本风格转换、问答对话等生成或者编辑文本内容的技术;

（二）文本转语音、语音转换、语音属性编辑等生成或者编辑语音内容的技术；

（三）音乐生成、场景声编辑等生成或者编辑非语音内容的技术；

（四）人脸生成、人脸替换、人物属性编辑、人脸操控、姿态操控等生成或者编辑图像、视频内容中生物特征的技术；

（五）图像生成、图像增强、图像修复等生成或者编辑图像、视频内容中非生物特征的技术；

（六）三维重建、数字仿真等生成或者编辑数字人物、虚拟场景的技术。

深度合成服务提供者，是指提供深度合成服务的组织、个人。

深度合成服务技术支持者，是指为深度合成服务提供技术支持的组织、个人。

深度合成服务使用者，是指使用深度合成服务制作、复制、发布、传播信息的组织、个人。

训练数据，是指被用于训练机器学习模型的标注或者基准数据集。

沉浸式拟真场景，是指应用深度合成技术生成或者编辑的、可供参与者体验或者互动的、具有高度真实感的虚拟场景。

第二十四条　深度合成服务提供者和技术支持者从事网络出版服务、网络文化活动和网络视听节目服务的，应当同时符合新闻出版、文化和旅游、广播电视主管部门的规定。

第二十五条　本规定自 2023 年 1 月 10 日起施行。

交通运输部、工业和信息化部、公安部、商务部、市场监管总局、国家网信办关于修改《网络预约出租汽车经营服务管理暂行办法》的决定

（2022 年 11 月 30 日交通运输部、工业和信息化部、公安部、商务部、国家市场监督管理总局、国家互联网信息办公室令 2022 年第 42 号公布　自公布之日起施行　国司备字［2023007911］）

交通运输部、工业和信息化部、公安部、商务部、市场监管总局、国家网信办决定对《网络预约出租汽车经营服务管理暂行办法》（交通运输部 工业和信息化部 公安部 商务部 市场监管总局 国家网信办令 2019 年第 46 号）作如下修改：

一、将第三十四条修改为“违反本规定，擅自从事或者变相从事网约车经营活动，有下列行为之一的，由县级以上出租汽车行政主管部门责令改正，予以警告，并按照以下规定分别予以罚款；构成犯罪的，依法追究刑事责任：

（一）未取得《网络预约出租汽车经营许可证》的，对网约车平台公司处以 10000 元以上 30000 元以下罚款；

（二）未取得《网络预约出租汽车运输证》的，对当事人处以 3000 元以上 10000 元以下罚款；

（三）未取得《网络预约出租汽车驾驶员证》的，对当事人处以 200 元以上 2000 元以下罚款。

伪造、变造或者使用伪造、变造、失效的《网络预约出租汽车运输证》《网络预约出租汽车驾驶员证》从事网约车经营活动的，分别按照前款第（二）项、第（三）项的规定予以罚款。”

二、删去第三十六条第一款第一项。

条文序号作相应调整。

本决定自公布之日起施行。

《网络预约出租汽车经营服务管理暂行办法》根据本决定作相应修正，重新公布。

网络预约出租汽车经营服务管理暂行办法

（2016 年 7 月 27 日交通运输部、工业和信息化部、公安部、商务部、工商总局、质检总局、国家网信办发布　根据 2019 年 12 月 28 日《交通运输部、工业和信息化部、公安部、商务部、市场监管总局、国家网信办关于修改〈网络预约出租汽车经营服务管理暂行办法〉的决定》第一次修正　根据 2022 年 11 月 30 日《交通运输部、工业和信息化部、公安部、商务部、市场监管总局、国家网信办关于修改〈网络预约出租汽车经营服务管理暂行办法〉的决定》第二次修正）

第一章　总　　则

第一条　为更好地满足社会公众多样化出行需求，促进出租汽车行业和互联网融合发展，规范网络预约出租汽车经营服务行为，保障运营安全和乘客合法权益，根据国家有关法律、行政法规，制定本办法。

第二条　从事网络预约出租汽车（以下简称网约车）经营服务，应当遵守本办法。

本办法所称网约车经营服务，是指以互联网技术为依托构建服务平台，整合供需信息，使用符合条件的车辆和驾驶员，提供非巡游的预约出租汽车服务的经营活动。

本办法所称网络预约出租汽车经营者（以下称网约车平台公

司），是指构建网络服务平台，从事网约车经营服务的企业法人。

第三条　坚持优先发展城市公共交通、适度发展出租汽车，按照高品质服务、差异化经营的原则，有序发展网约车。

网约车运价实行市场调节价，城市人民政府认为有必要实行政府指导价的除外。

第四条　国务院交通运输主管部门负责指导全国网约车管理工作。

各省、自治区人民政府交通运输主管部门在本级人民政府领导下，负责指导本行政区域内网约车管理工作。

直辖市、设区的市级或者县级交通运输主管部门或人民政府指定的其他出租汽车行政主管部门（以下称出租汽车行政主管部门）在本级人民政府领导下，负责具体实施网约车管理。

其他有关部门依据法定职责，对网约车实施相关监督管理。

第二章　网约车平台公司

第五条　申请从事网约车经营的，应当具备线上线下服务能力，符合下列条件：

（一）具有企业法人资格；

（二）具备开展网约车经营的互联网平台和与拟开展业务相适应的信息数据交互及处理能力，具备供交通、通信、公安、税务、网信等相关监管部门依法调取查询相关网络数据信息的条件，网络服务平台数据库接入出租汽车行政主管部门监管平台，服务器设置在中国内地，有符合规定的网络安全管理制度和安全保护技术措施；

（三）使用电子支付的，应当与银行、非银行支付机构签订提供支付结算服务的协议；

（四）有健全的经营管理制度、安全生产管理制度和服务质量保障制度；

（五）在服务所在地有相应服务机构及服务能力；

（六）法律法规规定的其他条件。

外商投资网约车经营的，除符合上述条件外，还应当符合外商投资相关法律法规的规定。

第六条 申请从事网约车经营的，应当根据经营区域向相应的出租汽车行政主管部门提出申请，并提交以下材料：

（一）网络预约出租汽车经营申请表（见附件）；

（二）投资人、负责人身份、资信证明及其复印件，经办人的身份证明及其复印件和委托书；

（三）企业法人营业执照，属于分支机构的还应当提交营业执照；

（四）服务所在地办公场所、负责人员和管理人员等信息；

（五）具备互联网平台和信息数据交互及处理能力的证明材料，具备供交通、通信、公安、税务、网信等相关监管部门依法调取查询相关网络数据信息条件的证明材料，数据库接入情况说明，服务器设置在中国内地的情况说明，依法建立并落实网络安全管理制度和安全保护技术措施的证明材料；

（六）使用电子支付的，应当提供与银行、非银行支付机构签订的支付结算服务协议；

（七）经营管理制度、安全生产管理制度和服务质量保障制度文本；

（八）法律法规要求提供的其他材料。

首次从事网约车经营的，应当向企业注册地相应出租汽车行政主管部门提出申请，前款第（五）、第（六）项有关线上服务能力材料由网约车平台公司注册地省级交通运输主管部门商同级通信、公安、税务、网信、人民银行等部门审核认定，并提供相应认定结果，认定结果全国有效。网约车平台公司在注册地以外申请从事网约车经营的，应当提交前款第（五）、第（六）项有关线上服务能力认定结果。

其他线下服务能力材料，由受理申请的出租汽车行政主管部门进行审核。

第七条 出租汽车行政主管部门应当自受理之日起20日内作出许可或者不予许可的决定。20日内不能作出决定的，经实施机关负责人批准，可以延长10日，并应当将延长期限的理由告知申请人。

第八条 出租汽车行政主管部门对于网约车经营申请作出行政许可决定的，应当明确经营范围、经营区域、经营期限等，并发放《网络预约出租汽车经营许可证》。

第九条 出租汽车行政主管部门对不符合规定条件的申请作出不予行政许可决定的，应当向申请人出具《不予行政许可决定书》。

第十条 网约车平台公司应当在取得相应《网络预约出租汽车经营许可证》并向企业注册地省级通信主管部门申请互联网信息服务备案后，方可开展相关业务。备案内容包括经营者真实身份信息、接入信息、出租汽车行政主管部门核发的《网络预约出租汽车经营许可证》等。涉及经营电信业务的，还应当符合电信管理的相关规定。

网约车平台公司应当自网络正式联通之日起30日内，到网约车平台公司管理运营机构所在地的省级人民政府公安机关指定的受理机关办理备案手续。

第十一条 网约车平台公司暂停或者终止运营的，应当提前30日向服务所在地出租汽车行政主管部门书面报告，说明有关情况，通告提供服务的车辆所有人和驾驶员，并向社会公告。终止经营的，应当将相应《网络预约出租汽车经营许可证》交回原许可机关。

第三章 网约车车辆和驾驶员

第十二条 拟从事网约车经营的车辆，应当符合以下条件：

（一）7座及以下乘用车；

（二）安装具有行驶记录功能的车辆卫星定位装置、应急报警装置；

（三）车辆技术性能符合运营安全相关标准要求。

车辆的具体标准和营运要求，由相应的出租汽车行政主管部门，按照高品质服务、差异化经营的发展原则，结合本地实际情况确定。

第十三条 服务所在地出租汽车行政主管部门依车辆所有人或者网约车平台公司申请，按第十二条规定的条件审核后，对符合条件并登记为预约出租客运的车辆，发放《网络预约出租汽车运输证》。

城市人民政府对网约车发放《网络预约出租汽车运输证》另有规定的，从其规定。

第十四条 从事网约车服务的驾驶员，应当符合以下条件：

（一）取得相应准驾车型机动车驾驶证并具有3年以上驾驶经历；

（二）无交通肇事犯罪、危险驾驶犯罪记录，无吸毒记录，无饮酒后驾驶记录，最近连续3个记分周期内没有记满12分记录；

（三）无暴力犯罪记录；

（四）城市人民政府规定的其他条件。

第十五条 服务所在地设区的市级出租汽车行政主管部门依驾驶员或者网约车平台公司申请，按第十四条规定的条件核查并按规定考核后，为符合条件且考核合格的驾驶员，发放《网络预约出租汽车驾驶员证》。

第四章 网约车经营行为

第十六条 网约车平台公司承担承运人责任，应当保证运营安全，保障乘客合法权益。

第十七条 网约车平台公司应当保证提供服务车辆具备合法营运资质，技术状况良好，安全性能可靠，具有营运车辆相关保险，保证线上提供服务的车辆与线下实际提供服务的车辆一致，并将车辆相关信息向服务所在地出租汽车行政主管部门报备。

第十八条 网约车平台公司应当保证提供服务的驾驶员具有合法从业资格，按照有关法律法规规定，根据工作时长、服务频次等特点，与驾驶员签订多种形式的劳动合同或者协议，明确双方的权利和义务。网约车平台公司应当维护和保障驾驶员合法权益，开展有关法律法规、职业道德、服务规范、安全运营等方面的岗前培训和日常教育，保证线上提供服务的驾驶员与线下实际提供服务的驾驶员一致，并将驾驶员相关信息向服务所在地出租汽车行政主管部门报备。

网约车平台公司应当记录驾驶员、约车人在其服务平台发布的信息内容、用户注册信息、身份认证信息、订单日志、上网日志、网上交易日志、行驶轨迹日志等数据并备份。

第十九条 网约车平台公司应当公布确定符合国家有关规定的计程计价方式，明确服务项目和质量承诺，建立服务评价体系和乘客投诉处理制度，如实采集与记录驾驶员服务信息。在提供网约车服务时，提供驾驶员姓名、照片、手机号码和服务评价结果，以及车辆牌照等信息。

第二十条 网约车平台公司应当合理确定网约车运价，实行明码标价，并向乘客提供相应的出租汽车发票。

第二十一条 网约车平台公司不得妨碍市场公平竞争，不得侵害乘客合法权益和社会公共利益。

网约车平台公司不得有为排挤竞争对手或者独占市场，以低于成本的价格运营扰乱正常市场秩序，损害国家利益或者其他经营者合法权益等不正当价格行为，不得有价格违法行为。

第二十二条 网约车应当在许可的经营区域内从事经营活动，超出许可的经营区域的，起讫点一端应当在许可的经营区域内。

第二十三条　网约车平台公司应当依法纳税，为乘客购买承运人责任险等相关保险，充分保障乘客权益。

第二十四条　网约车平台公司应当加强安全管理，落实运营、网络等安全防范措施，严格数据安全保护和管理，提高安全防范和抗风险能力，支持配合有关部门开展相关工作。

第二十五条　网约车平台公司和驾驶员提供经营服务应当符合国家有关运营服务标准，不得途中甩客或者故意绕道行驶，不得违规收费，不得对举报、投诉其服务质量或者对其服务作出不满意评价的乘客实施报复行为。

第二十六条　网约车平台公司应当通过其服务平台以显著方式将驾驶员、约车人和乘客等个人信息的采集和使用的目的、方式和范围进行告知。未经信息主体明示同意，网约车平台公司不得使用前述个人信息用于开展其他业务。

网约车平台公司采集驾驶员、约车人和乘客的个人信息，不得超越提供网约车业务所必需的范围。

除配合国家机关依法行使监督检查权或者刑事侦查权外，网约车平台公司不得向任何第三方提供驾驶员、约车人和乘客的姓名、联系方式、家庭住址、银行账户或者支付账户、地理位置、出行线路等个人信息，不得泄露地理坐标、地理标志物等涉及国家安全的敏感信息。发生信息泄露后，网约车平台公司应当及时向相关主管部门报告，并采取及时有效的补救措施。

第二十七条　网约车平台公司应当遵守国家网络和信息安全有关规定，所采集的个人信息和生成的业务数据，应当在中国内地存储和使用，保存期限不少于 2 年，除法律法规另有规定外，上述信息和数据不得外流。

网约车平台公司不得利用其服务平台发布法律法规禁止传播的信息，不得为企业、个人及其他团体、组织发布有害信息提供便利，并采取有效措施过滤阻断有害信息传播。发现他人利用其网络服务平台传播有害信息的，应当立即停止传输，保存有关记录，并向国家有关机关报告。

网约车平台公司应当依照法律规定，为公安机关依法开展国家安全工作，防范、调查违法犯罪活动提供必要的技术支持与协助。

第二十八条 任何企业和个人不得向未取得合法资质的车辆、驾驶员提供信息对接开展网约车经营服务。不得以私人小客车合乘名义提供网约车经营服务。

网约车车辆和驾驶员不得通过未取得经营许可的网络服务平台提供运营服务。

第五章 监督检查

第二十九条 出租汽车行政主管部门应当建设和完善政府监管平台，实现与网约车平台信息共享。共享信息应当包括车辆和驾驶员基本信息、服务质量以及乘客评价信息等。

出租汽车行政主管部门应当加强对网约车市场监管，加强对网约车平台公司、车辆和驾驶员的资质审查与证件核发管理。

出租汽车行政主管部门应当定期组织开展网约车服务质量测评，并及时向社会公布本地区网约车平台公司基本信息、服务质量测评结果、乘客投诉处理情况等信息。

出租汽车行政主管、公安等部门有权根据管理需要依法调取查阅管辖范围内网约车平台公司的登记、运营和交易等相关数据信息。

第三十条 通信主管部门和公安、网信部门应当按照各自职责，对网约车平台公司非法收集、存储、处理和利用有关个人信息、违反互联网信息服务有关规定、危害网络和信息安全、应用网约车服务平台发布有害信息或者为企业、个人及其他团体组织发布有害信息提供便利的行为，依法进行查处，并配合出租汽车行政主管部门对认定存在违法违规行为的网约车平台公司进行依法处置。

公安机关、网信部门应当按照各自职责监督检查网络安全管理制度和安全保护技术措施的落实情况，防范、查处有关违法犯罪活动。

第三十一条 发展改革、价格、通信、公安、人力资源社会保障、商务、人民银行、税务、市场监管、网信等部门按照各自职责，对网约车经营行为实施相关监督检查，并对违法行为依法处理。

第三十二条 各有关部门应当按照职责建立网约车平台公司和驾驶员信用记录，并纳入全国信用信息共享平台。同时将网约车平台公司行政许可和行政处罚等信用信息在国家企业信用信息公示系统上予以公示。

第三十三条 出租汽车行业协会组织应当建立网约车平台公司和驾驶员不良记录名单制度，加强行业自律。

第六章 法律责任

第三十四条 违反本规定，擅自从事或者变相从事网约车经营活动，有下列行为之一的，由县级以上出租汽车行政主管部门责令改正，予以警告，并按照以下规定分别予以罚款；构成犯罪的，依法追究刑事责任：

（一）未取得《网络预约出租汽车经营许可证》的，对网约车平台公司处以 10000 元以上 30000 元以下罚款；

（二）未取得《网络预约出租汽车运输证》的，对当事人处以 3000 元以上 10000 元以下罚款；

（三）未取得《网络预约出租汽车驾驶员证》的，对当事人处以 200 元以上 2000 元以下罚款。

伪造、变造或者使用伪造、变造、失效的《网络预约出租汽车运输证》《网络预约出租汽车驾驶员证》从事网约车经营活动的，分别按照前款第（二）项、第（三）项的规定予以罚款。

第三十五条 网约车平台公司违反本规定，有下列行为之一的，由县级以上出租汽车行政主管部门和价格主管部门按照职责责令改正，对每次违法行为处以5000元以上10000元以下罚款；情节严重的，处以10000元以上30000元以下罚款：

（一）提供服务车辆未取得《网络预约出租汽车运输证》，或者线上提供服务车辆与线下实际提供服务车辆不一致的；

（二）提供服务驾驶员未取得《网络预约出租汽车驾驶员证》，或者线上提供服务驾驶员与线下实际提供服务驾驶员不一致的；

（三）未按照规定保证车辆技术状况良好的；

（四）起讫点均不在许可的经营区域从事网约车经营活动的；

（五）未按照规定将提供服务的车辆、驾驶员相关信息向服务所在地出租汽车行政主管部门报备的；

（六）未按照规定制定服务质量标准、建立并落实投诉举报制度的；

（七）未按照规定提供共享信息，或者不配合出租汽车行政主管部门调取查阅相关数据信息的；

（八）未履行管理责任，出现甩客、故意绕道、违规收费等严重违反国家相关运营服务标准行为的。

网约车平台公司不再具备线上线下服务能力或者有严重违法行为的，由县级以上出租汽车行政主管部门依据相关法律法规的有关规定责令停业整顿、吊销相关许可证件。

第三十六条 网约车驾驶员违反本规定，有下列情形之一的，由县级以上出租汽车行政主管部门和价格主管部门按照职责责令改正，对每次违法行为处以50元以上200元以下罚款：

（一）途中甩客或者故意绕道行驶的；

（二）违规收费的；

（三）对举报、投诉其服务质量或者对其服务作出不满意评价的乘客实施报复行为的。

网约车驾驶员不再具备从业条件或者有严重违法行为的，由县级以上出租汽车行政主管部门依据相关法律法规的有关规定撤销或者吊销从业资格证件。

对网约车驾驶员的行政处罚信息计入驾驶员和网约车平台公司信用记录。

第三十七条 网约车平台公司违反本规定第十、十八、二十六、二十七条有关规定的，由网信部门、公安机关和通信主管部门按各自职责依照相关法律法规规定给予处罚；给信息主体造成损失的，依法承担民事责任；涉嫌犯罪的，依法追究刑事责任。

网约车平台公司及网约车驾驶员违法使用或者泄露约车人、乘客个人信息的，由公安、网信等部门依照各自职责处以 2000 元以上 10000 元以下罚款；给信息主体造成损失的，依法承担民事责任；涉嫌犯罪的，依法追究刑事责任。

网约车平台公司拒不履行或者拒不按要求为公安机关依法开展国家安全工作，防范、调查违法犯罪活动提供技术支持与协助的，由公安机关依法予以处罚；构成犯罪的，依法追究刑事责任。

第七章　附　　则

第三十八条 私人小客车合乘，也称为拼车、顺风车，按城市人民政府有关规定执行。

第三十九条 网约车行驶里程达到 60 万千米时强制报废。行驶里程未达到 60 万千米但使用年限达到 8 年时，退出网约车经营。

小、微型非营运载客汽车登记为预约出租客运的，按照网约车报废标准报废。其他小、微型营运载客汽车登记为预约出租客运的，按照该类型营运载客汽车报废标准和网约车报废标准中先行达到的标准报废。

省、自治区、直辖市人民政府有关部门要结合本地实际情况，制定网约车报废标准的具体规定，并报国务院商务、公安、交通运输等部门备案。

第四十条 本办法自 2016 年 11 月 1 日起实施。各地可根据本办法结合本地实际制定具体实施细则。

附件

受理申请机关专用

网络预约出租汽车经营申请表

说明

1. 申请从事网络预约出租汽车经营应当按照《网络预约出租汽车经营服务管理暂行办法》的有关规定向相应出租汽车行政主管部门提出申请，填写本表，并同时提交其他相关材料。

2. 本表可向各级出租汽车行政主管部门免费索取，也可自行从交通运输部网站（www. mot. gov. cn）下载打印。

3. 本表需用钢笔填写或者计算机打印，请用正楷，要求字迹工整。

申请人基本信息

申请人名称______________________________

要求填写企业（公司）全称

负责人姓名__________________ 经办人姓名__________________

通 信 地 址______________________________

____

邮　　编__________________ 电　　话__________________

手　　机__________________ 电 子 邮 箱__________________

申请材料核对表　　　　请在□内划√

1. 网络预约出租汽车经营申请表(本表) □

2. 投资人、负责人身份、资信证明及其复印件 □

经办人的身份证明及其复印件和委托书 □

3. 企业法人营业执照 □

属于分支机构的应当提供营业执照 □

4. 具备互联网平台和信息数据交互及处理能力的证明材料 □

5. 具备供相关监管部门依法调取查询相关网络数据信息条件的证明材料 □

6. 数据库接入情况 □

7. 服务器设置在中国内地的情况说明 □

8. 网络安全管理制度和安全保护技术措施文本 □

9. 提供支付结算服务的银行或者非银行支付机构签订的协议范本 □

10. 服务所在地办公场所、管理人员等信息 □

11. 经营管理制度、安全生产管理制度和服务质量保障制度文本 □

12. 法律法规要求提供的其他材料

只有上述材料齐全有效后,你的申请才能受理

声明

我声明本表及其他相关材料中提供的信息均真实可靠

我知悉如此表中有故意填写的虚假信息,我取得的经营许可将被撤销

我承诺将遵守国家有关法律、行政法规及其他相关规章的规定

负责人签名________________　　日　期________________

负责人职位________________

银行保险机构消费者权益保护管理办法

（2022年12月12日中国银行保险监督管理委员会令2022年第9号公布　自2023年3月1日起施行　国司备字[2023007912]）

第一章　总　　则

第一条　为维护公平公正的金融市场环境，切实保护银行业保险业消费者合法权益，促进行业高质量健康发展，根据《中华人民共和国银行业监督管理法》《中华人民共和国商业银行法》《中华人民共和国保险法》《中华人民共和国消费者权益保护法》等法律法规，制定本办法。

第二条　本办法所称银行保险机构，是指在中华人民共和国境内依法设立的向消费者提供金融产品或服务的银行业金融机构和保险机构。

第三条　银行保险机构承担保护消费者合法权益的主体责任。银行保险机构应当通过适当程序和措施，在业务经营全过程公平、公正和诚信对待消费者。

第四条　消费者应当诚实守信，理性消费，审慎投资，依法维护自身合法权益。

第五条　中国银行保险监督管理委员会（以下简称银保监会）及其派出机构依法对银行保险机构消费者权益保护行为实施监督管理。

第六条　银行保险机构消费者权益保护应当遵循依法合规、平等自愿、诚实守信的原则。

第二章　工作机制与管理要求

第七条　银行保险机构应当将消费者权益保护纳入公司治理、企业文化建设和经营发展战略，建立健全消费者权益保护体制机制，将消费者权益保护要求贯穿业务流程各环节。

第八条　银行保险机构董事会承担消费者权益保护工作的最终责任，对消费者权益保护工作进行总体规划和指导，董事会应当设立消费者权益保护委员会。高级管理层应当建立健全消费者权益保护管理体系，确保消费者权益保护目标和政策得到有效执行。监事会应当对董事会、高级管理层消费者权益保护工作履职情况进行监督。

银行保险机构应当明确履行消费者权益保护职责的部门，由其牵头组织并督促指导各部门开展消费者权益保护工作。

第九条　银行保险机构应当建立消费者权益保护审查机制，健全审查工作制度，对面向消费者提供的产品和服务在设计开发、定价管理、协议制定、营销宣传等环节进行消费者权益保护审查，从源头上防范侵害消费者合法权益行为发生。推出新产品和服务或者现有产品和服务涉及消费者利益的条款发生重大变化时，应当开展审查。

第十条　银行保险机构应当建立完善消费者权益保护信息披露机制，遵循真实性、准确性、完整性和及时性原则，在售前、售中、售后全流程披露产品和服务关键信息。

银行保险机构应当通过年报等适当方式，将消费者权益保护工作开展情况定期向公众披露。

第十一条　银行保险机构应当建立消费者适当性管理机制，对产品的风险进行评估并实施分级、动态管理，开展消费者风险认知、风险偏好和风险承受能力测评，将合适的产品提供给合适的消费者。

第十二条 银行保险机构应当按照相关规定建立销售行为可回溯管理机制，对产品和服务销售过程进行记录和保存，利用现代信息技术，提升可回溯管理便捷性，实现关键环节可回溯、重要信息可查询、问题责任可确认。

第十三条 银行保险机构应当建立消费者个人信息保护机制，完善内部管理制度、分级授权审批和内部控制措施，对消费者个人信息实施全流程分级分类管控，有效保障消费者个人信息安全。

第十四条 银行保险机构应当建立合作机构名单管理机制，对涉及消费者权益的合作事项，设定合作机构准入和退出标准，并加强对合作机构的持续管理。在合作协议中应当明确双方关于消费者权益保护的责任和义务，包括但不限于信息安全管控、服务价格管理、服务连续性、信息披露、纠纷解决机制、违约责任承担和应急处置等内容。

第十五条 银行保险机构应当建立健全投诉处理工作机制，畅通投诉渠道，规范投诉处理流程，加强投诉统计分析，不断溯源整改，切实履行投诉处理主体责任。

第十六条 银行保险机构应当健全矛盾纠纷多元化解配套机制，积极主动与消费者协商解决矛盾纠纷，在协商不成的情况下，通过调解、仲裁、诉讼等方式促进矛盾纠纷化解。

消费者向银行业保险业纠纷调解组织请求调解的，银行保险机构无正当理由不得拒绝参加调解。

第十七条 银行保险机构应当建立消费者权益保护内部培训机制，对从业人员开展消费者权益保护培训，提升培训效能，强化员工消费者权益保护意识。

第十八条 银行保险机构应当完善消费者权益保护内部考核机制，建立消费者权益保护内部考核制度，对相关部门和分支机构的工作进行评估和考核。

银行保险机构应当将消费者权益保护内部考核纳入综合绩效

考核体系，合理分配权重，并纳入人力资源管理体系和问责体系，充分发挥激励约束作用。

第十九条 银行保险机构应当建立常态化、规范化的消费者权益保护内部审计机制，制定消费者权益保护审计方案，将消费者权益保护工作纳入年度审计范围，以5年为一个周期全面覆盖本机构相关部门和一级分支机构。

第三章 保护消费者知情权、自主选择权和公平交易权

第二十条 银行保险机构应当优化产品设计，对新产品履行风险评估和审批程序，充分评估客户可能承担的风险，准确评定产品风险等级。

第二十一条 银行保险机构应当保障消费者的知情权，使用通俗易懂的语言和有利于消费者接收、理解的方式进行产品和服务信息披露。对产品和服务信息的专业术语进行解释说明，及时、真实、准确揭示风险。

第二十二条 银行保险机构应当以显著方式向消费者披露产品和服务的性质、利息、收益、费用、费率、主要风险、违约责任、免责条款等可能影响消费者重大决策的关键信息。贷款类产品应当明示年化利率。

第二十三条 银行保险机构不得进行欺诈、隐瞒或者误导性的宣传，不得作夸大产品收益或者服务权益、掩饰产品风险等虚假或者引人误解的宣传。

第二十四条 银行业金融机构应当根据业务性质，完善服务价格管理体系，按照服务价格管理相关规定，在营业场所、网站主页等醒目位置公示服务项目、服务内容和服务价格等信息。新设收费服务项目或者提高服务价格的，应当提前公示。

第二十五条 银行保险机构不得允许第三方合作机构在营业网点或者自营网络平台以银行保险机构的名义向消费者推介或者

销售产品和服务。

第二十六条 银行保险机构销售产品或者提供服务的过程中，应当保障消费者自主选择权，不得存在下列情形：

（一）强制捆绑、强制搭售产品或者服务；

（二）未经消费者同意，单方为消费者开通收费服务；

（三）利用业务便利，强制指定第三方合作机构为消费者提供收费服务；

（四）采用不正当手段诱使消费者购买其他产品；

（五）其他侵害消费者自主选择权的情形。

第二十七条 银行保险机构向消费者提供产品和服务时，应当确保风险收益匹配、定价合理、计量正确。

在提供相同产品和服务时，不得对具有同等交易条件或者风险状况的消费者实行不公平定价。

第二十八条 银行保险机构应当保障消费者公平交易权，不得存在下列情形：

（一）在格式合同中不合理地加重消费者责任、限制或者排除消费者合法权利；

（二）在格式合同中不合理地减轻或者免除本机构义务或者损害消费者合法权益应当承担的责任；

（三）从贷款本金中预先扣除利息；

（四）在协议约定的产品和服务收费外，以向第三方支付咨询费、佣金等名义变相向消费者额外收费；

（五）限制消费者寻求法律救济；

（六）其他侵害消费者公平交易权的情形。

第四章 保护消费者财产安全权和依法求偿权

第二十九条 银行保险机构应当审慎经营，保障消费者财产安全权，采取有效的内控措施和监控手段，严格区分自身资产与消费者资产，不得挪用、占用消费者资金。

第三十条 银行保险机构应当合理设计业务流程和操作规范，在办理业务过程中落实消费者身份识别和验证，不得为伪造、冒用他人身份的客户开立账户。

第三十一条 银行保险机构应当严格区分公募和私募资产管理产品，严格审核投资者资质，不得组织、诱导多个消费者采取归集资金的方式满足购买私募资产管理产品的条件。

资产管理产品管理人应当强化受托管理责任，诚信、谨慎履行管理义务。

第三十二条 保险公司应当勤勉尽责，收到投保人的保险要求后，及时审慎审核投保人提供的保险标的或者被保险人的有关情况。

保险公司应当对核保、理赔的规则和标准实行版本管理，不得在保险事故发生后以不同于核保时的标准重新对保险标的或者被保险人的有关情况进行审核。

第三十三条 保险公司收到被保险人或者受益人的赔偿或者给付保险金的请求后，应当依照法律法规和合同约定及时作出处理，不得拖延理赔、无理拒赔。

第五章 保护消费者受教育权和受尊重权

第三十四条 银行保险机构应当开展金融知识教育宣传，加强教育宣传的针对性，通过消费者日常教育与集中教育活动，帮助消费者了解金融常识和金融风险，提升消费者金融素养。

第三十五条 金融知识教育宣传应当坚持公益性，不得以营销、推介行为替代金融知识普及与消费者教育。银行保险机构应当建立多元化金融知识教育宣传渠道，在官方网站、移动互联网应用程序、营业场所设立公益性金融知识普及和教育专区。

第三十六条 银行保险机构应当加强诚信教育与诚信文化建

设，构建诚信建设长效机制，培育行业的信用意识，营造诚实、公平、守信的信用环境。

第三十七条 银行保险机构应当不断提升服务质量，融合线上线下，积极提供高品质、便民化金融服务。提供服务过程中，应当尊重消费者的人格尊严和民族风俗习惯，不得进行歧视性差别对待。

第三十八条 银行保险机构应当积极融入老年友好型社会建设，优化网点布局，尊重老年人使用习惯，保留和改进人工服务，不断丰富适老化产品和服务。

第三十九条 银行保险机构应当充分保障残障人士公平获得金融服务的权利，加快线上渠道无障碍建设，提供更加细致和人性化的服务。有条件的营业网点应当提供无障碍设施和服务，更好满足残障人士日常金融服务需求。

第四十条 银行保险机构应当规范营销行为，通过电话呼叫、信息群发、网络推送等方式向消费者发送营销信息的，应当向消费者提供拒收或者退订选择。消费者拒收或者退订的，不得以同样方式再次发送营销信息。

第四十一条 银行保险机构应当规范催收行为，依法依规督促债务人清偿债务。加强催收外包业务管理，委托外部机构实施催收前，应当采取适当方式告知债务人。

银行保险机构自行或者委托外部机构催收过程中不得存在下列情形：

（一）冒用行政机关、司法机关等名义实施催收；

（二）采取暴力、恐吓、欺诈等不正当手段实施催收；

（三）采用其他违法违规和违背公序良俗的手段实施催收。

第六章　保护消费者信息安全权

第四十二条 银行保险机构处理消费者个人信息，应当坚持合法、正当、必要、诚信原则，切实保护消费者信息安全权。

第四十三条 银行保险机构收集消费者个人信息应当向消费者告知收集使用的目的、方式和范围等规则，并经消费者同意，法律法规另有规定的除外。消费者不同意的，银行保险机构不得因此拒绝提供不依赖于其所拒绝授权信息的金融产品或服务。

银行保险机构不得采取变相强制、违规购买等不正当方式收集使用消费者个人信息。

第四十四条 对于使用书面形式征求个人信息处理同意的，银行保险机构应当以醒目的方式、清晰易懂的语言明示与消费者存在重大利害关系的内容。

银行保险机构通过线上渠道使用格式条款获取个人信息授权的，不得设置默认同意的选项。

第四十五条 银行保险机构应当在消费者授权同意等基础上与合作方处理消费者个人信息，在合作协议中应当约定数据保护责任、保密义务、违约责任、合同终止和突发情况下的处置条款。

合作过程中，银行保险机构应当严格控制合作方行为与权限，通过加密传输、安全隔离、权限管控、监测报警、去标识化等方式，防范数据滥用或者泄露风险。

第四十六条 银行保险机构应当督促和规范与其合作的互联网平台企业有效保护消费者个人信息，未经消费者同意，不得在不同平台间传递消费者个人信息，法律法规另有规定的除外。

第四十七条 银行保险机构处理和使用个人信息的业务和信息系统，遵循权责对应、最小必要原则设置访问、操作权限，落实授权审批流程，实现异常操作行为的有效监控和干预。

第四十八条 银行保险机构应当加强从业人员行为管理，禁止违规查询、下载、复制、存储、篡改消费者个人信息。从业人员不得超出自身职责和权限非法处理和使用消费者个人信息。

第七章　监 督 管 理

第四十九条　银保监会及其派出机构依法履行消费者权益保护监管职责,通过采取监管措施和手段,督促银行保险机构切实保护消费者合法权益。严格行为监管要求,对经营活动中的同类业务、同类主体统一标准、统一裁量,依法打击侵害消费者权益乱象和行为,营造公平有序的市场环境。

第五十条　银行保险机构发生涉及消费者权益问题的重大事件,应当根据属地监管原则,及时向银保监会或其派出机构消费者权益保护部门报告。

重大事件是指银行保险机构因消费者权益保护工作不到位或者发生侵害消费者权益行为导致大量集中投诉、引发群体性事件或者造成重大负面舆情等。

第五十一条　各类银行业保险业行业协会以及各地方行业社团组织应当通过行业自律、维权、协调及宣传等方式,指导会员单位提高消费者权益保护水平,妥善化解矛盾纠纷,维护行业良好形象。

第五十二条　银保监会及其派出机构指导设立银行业保险业纠纷调解组织,监督银行业保险业消费纠纷调解机制的有效运行。

银行业保险业纠纷调解组织应当优化治理结构,建章立制,提升调解效能,通过线上、现场、电话等途径,及时高效化解纠纷。

第五十三条　银保监会及其派出机构对银行保险机构消费者权益保护工作中存在的问题,视情节轻重依法采取相应监管措施,包括但不限于:

(一)监管谈话;

(二)责令限期整改;

(三)下发风险提示函、监管意见书等;

(四)责令对直接负责的董事、高级管理人员和其他直接责任人员进行内部问责；

（五）责令暂停部分业务，停止批准开办新业务；

（六）将相关问题在行业内通报或者向社会公布；

（七）职责范围内依法可以采取的其他措施。

第五十四条 银行保险机构以及从业人员违反本办法规定的，由银保监会及其派出机构依据《中华人民共和国银行业监督管理法》《中华人民共和国商业银行法》《中华人民共和国保险法》《中华人民共和国消费者权益保护法》等法律法规实施行政处罚。法律、行政法规没有规定，但违反本办法的，由银保监会及其派出机构责令改正；情节严重或者逾期不改正的，区分不同情形，给予以下行政处罚：

（一）通报批评；

（二）警告；

（三）处以 10 万元以下罚款。

银行保险机构存在严重侵害消费者合法权益行为，且涉及人数多、涉案金额大、持续时间长、社会影响恶劣的，银保监会及其派出机构除按前款规定处理外，可对相关董事会成员及高级管理人员给予警告，并处以 10 万元以下罚款。

银行保险机构以及从业人员涉嫌犯罪的，依法移交司法机关追究其刑事责任。

第八章　附　　则

第五十五条 本办法所称银行业金融机构是指商业银行、农村信用合作社等吸收公众存款的金融机构以及信托公司、消费金融公司、汽车金融公司、理财公司等非银行金融机构。保险机构是指保险集团（控股）公司、保险公司（不含再保险公司）和保险专业中介机构。

银保监会负责监管的其他金融机构参照适用本办法。邮政企业代理邮政储蓄银行办理商业银行有关业务的,适用本办法有关规定。

第五十六条 本办法由银保监会负责解释。

第五十七条 本办法自 2023 年 3 月 1 日起施行。

建设工程质量检测管理办法

（2022 年 12 月 29 日住房和城乡建设部令第 57 号公布 自 2023 年 3 月 1 日起施行 国司备字[2023007810]）

第一章 总 则

第一条 为了加强对建设工程质量检测的管理,根据《中华人民共和国建筑法》《建设工程质量管理条例》《建设工程抗震管理条例》等法律、行政法规,制定本办法。

第二条 从事建设工程质量检测相关活动及其监督管理,适用本办法。

本办法所称建设工程质量检测,是指在新建、扩建、改建房屋建筑和市政基础设施工程活动中,建设工程质量检测机构(以下简称检测机构)接受委托,依据国家有关法律、法规和标准,对建设工程涉及结构安全、主要使用功能的检测项目,进入施工现场的建筑材料、建筑构配件、设备,以及工程实体质量等进行的检测。

第三条 检测机构应当按照本办法取得建设工程质量检测机构资质(以下简称检测机构资质),并在资质许可的范围内从事建设工程质量检测活动。

未取得相应资质证书的,不得承担本办法规定的建设工程质量检测业务。

第四条 国务院住房和城乡建设主管部门负责全国建设工程质量检测活动的监督管理。

县级以上地方人民政府住房和城乡建设主管部门负责本行政区域内建设工程质量检测活动的监督管理，可以委托所属的建设工程质量监督机构具体实施。

第二章　检测机构资质管理

第五条　检测机构资质分为综合类资质、专项类资质。

检测机构资质标准和业务范围，由国务院住房和城乡建设主管部门制定。

第六条　申请检测机构资质的单位应当是具有独立法人资格的企业、事业单位，或者依法设立的合伙企业，并具备相应的人员、仪器设备、检测场所、质量保证体系等条件。

第七条　省、自治区、直辖市人民政府住房和城乡建设主管部门负责本行政区域内检测机构的资质许可。

第八条　申请检测机构资质应当向登记地所在省、自治区、直辖市人民政府住房和城乡建设主管部门提出，并提交下列材料：

（一）检测机构资质申请表；

（二）主要检测仪器、设备清单；

（三）检测场所不动产权属证书或者租赁合同；

（四）技术人员的职称证书；

（五）检测机构管理制度以及质量控制措施。

检测机构资质申请表由国务院住房和城乡建设主管部门制定格式。

第九条　资质许可机关受理申请后，应当进行材料审查和专家评审，在20个工作日内完成审查并作出书面决定。对符合资质标准的，自作出决定之日起10个工作日内颁发检测机构资质证书，并报国务院住房和城乡建设主管部门备案。专家评审时间不计算在资质许可期限内。

第十条　检测机构资质证书实行电子证照，由国务院住房和城乡建设主管部门制定格式。资质证书有效期为5年。

第十一条 申请综合类资质或者资质增项的检测机构，在申请之日起前一年内有本办法第三十条规定行为的，资质许可机关不予批准其申请。

取得资质的检测机构，按照本办法第三十五条应当整改但尚未完成整改的，对其综合类资质或者资质增项申请，资质许可机关不予批准。

第十二条 检测机构需要延续资质证书有效期的，应当在资质证书有效期届满30个工作日前向资质许可机关提出资质延续申请。

对符合资质标准且在资质证书有效期内无本办法第三十条规定行为的检测机构，经资质许可机关同意，有效期延续5年。

第十三条 检测机构在资质证书有效期内名称、地址、法定代表人等发生变更的，应当在办理营业执照或者法人证书变更手续后30个工作日内办理资质证书变更手续。资质许可机关应当在2个工作日内办理完毕。

检测机构检测场所、技术人员、仪器设备等事项发生变更影响其符合资质标准的，应当在变更后30个工作日内向资质许可机关提出资质重新核定申请，资质许可机关应当在20个工作日内完成审查，并作出书面决定。

第三章 检测活动管理

第十四条 从事建设工程质量检测活动，应当遵守相关法律、法规和标准，相关人员应当具备相应的建设工程质量检测知识和专业能力。

第十五条 检测机构与所检测建设工程相关的建设、施工、监理单位，以及建筑材料、建筑构配件和设备供应单位不得有隶属关系或者其他利害关系。

检测机构及其工作人员不得推荐或者监制建筑材料、建筑构配件和设备。

第十六条 委托方应当委托具有相应资质的检测机构开展建设工程质量检测业务。检测机构应当按照法律、法规和标准进行建设工程质量检测,并出具检测报告。

第十七条 建设单位应当在编制工程概预算时合理核算建设工程质量检测费用,单独列支并按照合同约定及时支付。

第十八条 建设单位委托检测机构开展建设工程质量检测活动的,建设单位或者监理单位应当对建设工程质量检测活动实施见证。见证人员应当制作见证记录,记录取样、制样、标识、封志、送检以及现场检测等情况,并签字确认。

第十九条 提供检测试样的单位和个人,应当对检测试样的符合性、真实性及代表性负责。检测试样应当具有清晰的、不易脱落的唯一性标识、封志。

建设单位委托检测机构开展建设工程质量检测活动的,施工人员应当在建设单位或者监理单位的见证人员监督下现场取样。

第二十条 现场检测或者检测试样送检时,应当由检测内容提供单位、送检单位等填写委托单。委托单应当由送检人员、见证人员等签字确认。

检测机构接收检测试样时,应当对试样状况、标识、封志等符合性进行检查,确认无误后方可进行检测。

第二十一条 检测报告经检测人员、审核人员、检测机构法定代表人或者其授权的签字人等签署,并加盖检测专用章后方可生效。

检测报告中应当包括检测项目代表数量(批次)、检测依据、检测场所地址、检测数据、检测结果、见证人员单位及姓名等相关信息。

非建设单位委托的检测机构出具的检测报告不得作为工程质量验收资料。

第二十二条 检测机构应当建立建设工程过程数据和结果数据、检测影像资料及检测报告记录与留存制度,对检测数据和检测报告的真实性、准确性负责。

第二十三条 任何单位和个人不得明示或者暗示检测机构出具虚假检测报告,不得篡改或者伪造检测报告。

第二十四条 检测机构在检测过程中发现建设、施工、监理单位存在违反有关法律法规规定和工程建设强制性标准等行为,以及检测项目涉及结构安全、主要使用功能检测结果不合格的,应当及时报告建设工程所在地县级以上地方人民政府住房和城乡建设主管部门。

第二十五条 检测结果利害关系人对检测结果存在争议的,可以委托共同认可的检测机构复检。

第二十六条 检测机构应当建立档案管理制度。检测合同、委托单、检测数据原始记录、检测报告按照年度统一编号,编号应当连续,不得随意抽撤、涂改。

检测机构应当单独建立检测结果不合格项目台账。

第二十七条 检测机构应当建立信息化管理系统,对检测业务受理、检测数据采集、检测信息上传、检测报告出具、检测档案管理等活动进行信息化管理,保证建设工程质量检测活动全过程可追溯。

第二十八条 检测机构应当保持人员、仪器设备、检测场所、质量保证体系等方面符合建设工程质量检测资质标准,加强检测人员培训,按照有关规定对仪器设备进行定期检定或者校准,确保检测技术能力持续满足所开展建设工程质量检测活动的要求。

第二十九条 检测机构跨省、自治区、直辖市承担检测业务的,应当向建设工程所在地的省、自治区、直辖市人民政府住房和城乡建设主管部门备案。

检测机构在承担检测业务所在地的人员、仪器设备、检测场所、质量保证体系等应当满足开展相应建设工程质量检测活动的要求。

第三十条 检测机构不得有下列行为：

（一）超出资质许可范围从事建设工程质量检测活动；

（二）转包或者违法分包建设工程质量检测业务；

（三）涂改、倒卖、出租、出借或者以其他形式非法转让资质证书；

（四）违反工程建设强制性标准进行检测；

（五）使用不能满足所开展建设工程质量检测活动要求的检测人员或者仪器设备；

（六）出具虚假的检测数据或者检测报告。

第三十一条 检测人员不得有下列行为：

（一）同时受聘于两家或者两家以上检测机构；

（二）违反工程建设强制性标准进行检测；

（三）出具虚假的检测数据；

（四）违反工程建设强制性标准进行结论判定或者出具虚假判定结论。

第四章 监督管理

第三十二条 县级以上地方人民政府住房和城乡建设主管部门应当加强对建设工程质量检测活动的监督管理，建立建设工程质量检测监管信息系统，提高信息化监管水平。

第三十三条 县级以上人民政府住房和城乡建设主管部门应当对检测机构实行动态监管，通过"双随机、一公开"等方式开展监督检查。

实施监督检查时，有权采取下列措施：

（一）进入建设工程施工现场或者检测机构的工作场地进行检查、抽测；

（二）向检测机构、委托方、相关单位和人员询问、调查有关情况；

（三）对检测人员的建设工程质量检测知识和专业能力进行检查；

（四）查阅、复制有关检测数据、影像资料、报告、合同以及其他相关资料；

（五）组织实施能力验证或者比对试验；

（六）法律、法规规定的其他措施。

第三十四条 县级以上地方人民政府住房和城乡建设主管部门应当加强建设工程质量监督抽测。建设工程质量监督抽测可以通过政府购买服务的方式实施。

第三十五条 检测机构取得检测机构资质后，不再符合相应资质标准的，资质许可机关应当责令其限期整改并向社会公开。检测机构完成整改后，应当向资质许可机关提出资质重新核定申请。重新核定符合资质标准前出具的检测报告不得作为工程质量验收资料。

第三十六条 县级以上地方人民政府住房和城乡建设主管部门对检测机构实施行政处罚的，应当自行政处罚决定书送达之日起20个工作日内告知检测机构的资质许可机关和违法行为发生地省、自治区、直辖市人民政府住房和城乡建设主管部门。

第三十七条 县级以上地方人民政府住房和城乡建设主管部门应当依法将建设工程质量检测活动相关单位和人员受到的行政处罚等信息予以公开，建立信用管理制度，实行守信激励和失信惩戒。

第三十八条 对建设工程质量检测活动中的违法违规行为，任何单位和个人有权向建设工程所在地县级以上人民政府住房和城乡建设主管部门投诉、举报。

第五章 法律责任

第三十九条 违反本办法规定，未取得相应资质、资质证书已过有效期或者超出资质许可范围从事建设工程质量检测活动的，其检测报告无效，由县级以上地方人民政府住房和城乡建设主管部门处5万元以上10万元以下罚款；造成危害后果的，处10万元以上20万元以下罚款；构成犯罪的，依法追究刑事责任。

第四十条 检测机构隐瞒有关情况或者提供虚假材料申请资质，资质许可机关不予受理或者不予行政许可，并给予警告；检测机构1年内不得再次申请资质。

第四十一条 以欺骗、贿赂等不正当手段取得资质证书的，由资质许可机关予以撤销；由县级以上地方人民政府住房和城乡建设主管部门给予警告或者通报批评，并处5万元以上10万元以下罚款；检测机构3年内不得再次申请资质；构成犯罪的，依法追究刑事责任。

第四十二条 检测机构未按照本办法第十三条第一款规定办理检测机构资质证书变更手续的，由县级以上地方人民政府住房和城乡建设主管部门责令限期办理；逾期未办理的，处5000元以上1万元以下罚款。

检测机构未按照本办法第十三条第二款规定向资质许可机关提出资质重新核定申请的，由县级以上地方人民政府住房和城乡建设主管部门责令限期改正；逾期未改正的，处1万元以上3万元以下罚款。

第四十三条 检测机构违反本办法第二十二条、第三十条第六项规定的，由县级以上地方人民政府住房和城乡建设主管部门责令改正，处5万元以上10万元以下罚款；造成危害后果的，处10万元以上20万元以下罚款；构成犯罪的，依法追究刑事责任。

检测机构在建设工程抗震活动中有前款行为的，依照《建设工程抗震管理条例》有关规定给予处罚。

第四十四条 检测机构违反本办法规定，有第三十条第二项至第五项行为之一的，由县级以上地方人民政府住房和城乡建设主管部门责令改正，处5万元以上10万元以下罚款；造成危害后果的，处10万元以上20万元以下罚款；构成犯罪的，依法追究刑事责任。

检测人员违反本办法规定，有第三十一条行为之一的，由县级以上地方人民政府住房和城乡建设主管部门责令改正，处3万元以下罚款。

第四十五条　检测机构违反本办法规定，有下列行为之一的，由县级以上地方人民政府住房和城乡建设主管部门责令改正，处1万元以上5万元以下罚款：

（一）与所检测建设工程相关的建设、施工、监理单位，以及建筑材料、建筑构配件和设备供应单位有隶属关系或者其他利害关系的；

（二）推荐或者监制建筑材料、建筑构配件和设备的；

（三）未按照规定在检测报告上签字盖章的；

（四）未及时报告发现的违反有关法律法规规定和工程建设强制性标准等行为的；

（五）未及时报告涉及结构安全、主要使用功能的不合格检测结果的；

（六）未按照规定进行档案和台账管理的；

（七）未建立并使用信息化管理系统对检测活动进行管理的；

（八）不满足跨省、自治区、直辖市承担检测业务的要求开展相应建设工程质量检测活动的；

（九）接受监督检查时不如实提供有关资料、不按照要求参加能力验证和比对试验，或者拒绝、阻碍监督检查的。

第四十六条　检测机构违反本办法规定，有违法所得的，由县级以上地方人民政府住房和城乡建设主管部门依法予以没收。

第四十七条　违反本办法规定，建设、施工、监理等单位有下列行为之一的，由县级以上地方人民政府住房和城乡建设主管部门责令改正，处3万元以上10万元以下罚款；造成危害后果的，处10万元以上20万元以下罚款；构成犯罪的，依法追究刑事责任：

（一）委托未取得相应资质的检测机构进行检测的；

（二）未将建设工程质量检测费用列入工程概预算并单独列支的；

（三）未按照规定实施见证的；

（四）提供的检测试样不满足符合性、真实性、代表性要求的；

（五）明示或者暗示检测机构出具虚假检测报告的；

（六）篡改或者伪造检测报告的；

（七）取样、制样和送检试样不符合规定和工程建设强制性标准的。

第四十八条 依照本办法规定，给予单位罚款处罚的，对单位直接负责的主管人员和其他直接责任人员处3万元以下罚款。

第四十九条 县级以上地方人民政府住房和城乡建设主管部门工作人员在建设工程质量检测管理工作中，有下列情形之一的，依法给予处分；构成犯罪的，依法追究刑事责任：

（一）对不符合法定条件的申请人颁发资质证书的；

（二）对符合法定条件的申请人不予颁发资质证书的；

（三）对符合法定条件的申请人未在法定期限内颁发资质证书的；

（四）利用职务上的便利，索取、收受他人财物或者谋取其他利益的；

（五）不依法履行监督职责或者监督不力，造成严重后果的。

第六章 附 则

第五十条 本办法自2023年3月1日起施行。2005年9月28日原建设部公布的《建设工程质量检测管理办法》（建设部令第141号）同时废止。

信息技术产品国家通用语言文字使用管理规定

（2023 年 1 月 3 日教育部令第 54 号公布　自 2023 年 3 月 1 日起施行　国司备字［2023007924］）

第一条　为规范信息技术产品国家通用语言文字使用，保障信息化条件下语言生活和谐健康发展，根据《中华人民共和国国家通用语言文字法》《中华人民共和国标准化法》《中华人民共和国产品质量法》《出版管理条例》《互联网信息服务管理办法》等法律、行政法规，制定本规定。

第二条　在中华人民共和国境内生产、销售、出版、发布、推广对国家通用语言文字进行信息化处理和使用国家通用语言文字进行内容编辑的信息技术产品，适用本规定。

本规定所称的信息技术产品主要有：

（一）基础软件，包括字库、输入系统、操作系统、数据库系统、办公套件等；

（二）语言文字智能处理软件，包括语音合成、语音转写、机器翻译、智能写作、智能校对、自动问答等功能软件；

（三）数字和网络出版物。

第三条　信息技术产品使用国家通用语言文字，应当有利于维护国家主权和民族尊严、有利于铸牢中华民族共同体意识，应当弘扬社会主义核心价值观、遵守公序良俗。

信息技术产品使用国家通用语言文字，应当符合国家颁布的语言文字规范标准。

第四条　国务院语言文字工作部门负责统筹协调并会同有关主管部门对全国信息技术产品的国家通用语言文字使用进行监督管理和指导服务。

地方语言文字工作部门负责统筹协调并会同地方有关主管部门对本行政区域内信息技术产品的国家通用语言文字使用进行监督管理和指导服务。

第五条 基础软件应当符合信息技术编码字符集等标准。汉字字库应当符合汉字字形规范。汉字输入系统应当依据汉语拼音方案、普通话语音、汉字笔画和部件等语言文字规范标准设计,并具备一定的规范用法提示功能。

第六条 数字和网络出版物使用国家通用语言文字,应当符合汉语拼音、普通话语音、规范汉字、现代汉语词形、标点符号和数字用法等语言文字规范标准。需要使用汉语方言、繁体字、异体字的,应当符合《中华人民共和国国家通用语言文字法》相关规定。

教材、现代汉语语文工具书类数字和网络出版物使用国家通用语言文字,还应当在语言文字的排序、检索、注音、释义、用例及相关知识阐释等方面执行本条第一款规定的语言文字规范标准。需要变通的,应当以适当方式体现相关规范标准的规定。

第七条 语言文字智能处理软件及其系统集成产品应当遵照汉语拼音、普通话语音、规范汉字、现代汉语词形、标点符号和数字用法等语言文字规范标准和现代汉语语法规律,持续优化语言文字处理功能,不断提升输出结果的规范化水平。

第八条 办公套件、智能校对软件等应当视需要为用户提供以下提示功能:

(一)规范汉字文本中夹用的繁体字、异体字;

(二)错别字、错符;

(三)现代汉语异形词非推荐词形;

(四)其他可能影响语言文字规范使用的情况。

第九条 嵌有语音合成、语音转写、机器翻译、智能写作、自动问答等语言文字智能处理功能的互联网信息服务平台应当设置信息反馈功能,及时受理用户关于语言文字不规范情况的反馈,并根据反馈信息进一步优化功能,不断提升语言文字智能处理结果的规范化水平。

第十条 面向残疾人、老年人的信息技术产品,应当具备语言文字信息无障碍功能。面向少年儿童的信息技术产品,应当符合其身心特点和语言文字学习规律。

第十一条 国务院语言文字工作部门和有关主管部门在信息技术产品国家通用语言文字使用监督管理和质量检查工作中,可以授权第三方机构对相关产品进行语言文字规范标准符合性检测。

鼓励有关检测认证机构为社会提供面向信息技术产品的语言文字规范标准符合性检测服务。

第十二条 国务院语言文字工作部门会同有关主管部门,负责对现代汉语语文工具书类数字和网络出版物进行监督检查。

第十三条 地方各级语言文字工作部门负责对本行政区域内除教材和现代汉语语文工具书之外的其他数字和网络出版物进行监督检查。检查结果通报同级主管部门,同时向上级语言文字工作部门报告。

第十四条 国务院语言文字工作部门通过适当方式,为促进语言文字智能处理软件的研发和功能完善、提升现代汉语语文工具书类数字和网络出版物编纂质量提供指导与服务。

第十五条 国务院语言文字工作部门依法制定、修订并主动公开语言文字规范标准,会同有关主管部门做好行业领域有关规范标准的研究、制定、修订及信息公开工作。

第十六条 国务院语言文字工作部门对在信息技术产品国家通用语言文字使用的管理、服务及相关技术研发中作出突出贡献的组织和个人,依据《中华人民共和国国家通用语言文字法》的有关规定,予以表彰和奖励。

第十七条 基础软件处理国家通用语言文字违反本规定第五条的,由国务院语言文字工作部门会同有关主管部门督促软件生产方限期改正。拒不改正的,由主管部门依据《中华人民共和国标准化法》《中华人民共和国产品质量法》等法律法规予以处理。

第十八条 现代汉语语文工具书类数字和网络出版物使用国家通用语言文字违反本规定第六条的，由国务院语言文字工作部门会同有关主管部门督促出版方限期改正。拒不改正的，由主管部门依据《出版管理条例》等法律法规予以处理。

第十九条 其他数字和网络出版物使用国家通用语言文字违反本规定第六条的，由县级以上地方语言文字工作部门会同同级主管部门督促出版方限期改正。拒不改正的，由主管部门依据《出版管理条例》等法律法规予以处理。

第二十条 国务院语言文字工作部门应当加强信息技术产品国家通用语言文字使用情况的监测和研究，并会同有关部门组织开展宣传教育和业务指导。

第二十一条 国务院和地方各级语言文字工作部门应当建立工作协同机制，为同级有关主管部门依法管理信息技术产品中使用国家通用语言文字提供咨询服务、执法协助等支持。

第二十二条 本规定自 2023 年 3 月 1 日起施行。

证券期货经营机构私募资产管理业务管理办法

（2023 年 1 月 12 日中国证券监督管理委员会令第 203 号公布　自 2023 年 3 月 1 日起施行　国司备字[2023007926]）

目　　录

第一章　总　　则

第一条　为规范证券期货经营机构私募资产管理业务，保护投资者及相关当事人的合法权益，维护证券期货市场秩序，根据《中华人民共和国证券法》（以下简称《证券法》）、《中华人民共和国证券投资基金法》（以下简称《证券投资基金法》）、《中华人民共和国期货和衍生品法》（以下简称《期货和衍生品法》）、《证券公司监督管理条例》、《期货交易管理条例》、《关于规范金融机构资产管理业务的指导意见》（银发〔2018〕106 号，以下简称《指导意见》）及相关法律法规，制定本办法。

第二条　在中华人民共和国境内，证券期货经营机构非公开募集资金或者接受财产出资，设立私募资产管理计划（以下简称资产管理计划）并担任管理人，由托管机构担任托管人，依照法律法规和资产管理合同的约定，为投资者的利益进行投资活动，适用本办法。

本办法所称证券期货经营机构，是指证券公司、基金管理公司、期货公司及前述机构依法设立的从事私募资产管理业务的子公司。

证券期货经营机构非公开募集资金开展资产证券化业务，由中国证券监督管理委员会（以下简称中国证监会）另行规定。

第三条　证券期货经营机构从事私募资产管理业务，应当遵循自愿、公平、诚实信用和客户利益至上原则，恪尽职守，谨慎勤勉,维护投资者合法权益,服务实体经济,不得损害国家利益、社会公共利益和他人合法权益。

证券期货经营机构应当遵守审慎经营规则,制定科学合理的投资策略和风险管理制度,有效防范和控制风险,确保业务开展与资本实力、管理能力及风险控制水平相适应。

有序推动资本充足、公司治理健全、合规运营稳健、专业能力适配的证券公司规范发展私募资产管理业务;符合前述要求的期货公司、基金管理公司应当基于专业优势和服务能力,规范审慎发展私募资产管理业务。

第四条 证券期货经营机构不得在表内从事私募资产管理业务,不得以任何方式向投资者承诺本金不受损失或者承诺最低收益。

投资者参与资产管理计划,应当根据自身能力审慎决策,独立承担投资风险。

第五条 证券期货经营机构从事私募资产管理业务,应当实行集中运营管理,建立健全内部控制和合规管理制度,采取有效措施,将私募资产管理业务与公司其他业务分开管理,控制敏感信息的不当流动和使用,防范内幕交易、利用未公开信息交易、利益冲突和利益输送。

第六条 资产管理计划财产为信托财产,其债务由资产管理计划财产本身承担,投资者以其出资为限对资产管理计划财产的债务承担责任。但资产管理合同依照《证券投资基金法》另有约定的,从其约定。

资产管理计划财产独立于证券期货经营机构和托管人的固有财产,并独立于证券期货经营机构管理的和托管人托管的其他财产。证券期货经营机构、托管人不得将资产管理计划财产归入其固有财产。

证券期货经营机构、托管人因资产管理计划财产的管理、运用或者其他情形而取得的财产和收益,归入资产管理计划财产。

证券期货经营机构、托管人因依法解散、被依法撤销或者被依法宣告破产等原因进行清算的,资产管理计划财产不属于其清算财产。

非因资产管理计划本身的债务或者法律规定的其他情形,不得查封、冻结、扣划或者强制执行资产管理计划财产。

第七条 中国证监会及其派出机构依据法律、行政法规和本办法的规定,对证券期货经营机构私募资产管理业务实施监督管理。

中国证监会基于审慎监管原则,可以根据证券期货经营机构公司治理、内控合规及风险状况,对其私募资产管理业务规模、结构、子公司设立等实施差异化监管。

第八条 证券交易场所、期货交易所、证券登记结算机构、中国证券业协会(以下简称证券业协会)、中国期货业协会(以下简称期货业协会)、中国证券投资基金业协会(以下简称证券投资基金业协会)依照法律、行政法规和中国证监会的规定,对证券期货经营机构私募资产管理业务实施自律管理。

第二章 业务主体

第九条 证券期货经营机构从事私募资产管理业务,应当依法经中国证监会批准。法律、行政法规和中国证监会另有规定的除外。

第十条 支持符合条件的证券公司设立子公司从事私募资产管理业务,加强风险隔离。专门从事资产管理业务的证券公司除外。

遵守审慎经营原则,并符合中国证监会规定条件的证券公司、基金管理公司,可以设立私募投资基金管理子公司等从事投资于未上市企业股权的私募资产管理业务。

第十一条 证券期货经营机构从事私募资产管理业务,应当符合以下条件：

（一）净资产、净资本等财务和风险控制指标符合法律、行政法规和中国证监会的规定；

（二）法人治理结构良好，内部控制、合规管理、风险管理制度完备；

（三）具备符合条件的高级管理人员和三名以上投资经理；

（四）具有投资研究部门，且专职从事投资研究的人员不少于三人；

（五）具有符合要求的营业场所、安全防范设施、信息技术系统；

（六）最近两年未因重大违法违规行为被行政处罚或者刑事处罚，最近一年未因重大违法违规行为被监管机构采取行政监管措施，无因涉嫌重大违法违规正受到监管机构或有权机关立案调查的情形；

（七）中国证监会根据审慎监管原则规定的其他条件。

证券公司、基金管理公司、期货公司设立子公司从事私募资产管理业务，并由其投资研究部门为子公司提供投资研究服务的，视为符合前款第（四）项规定的条件。

第十二条 证券期货经营机构从事私募资产管理业务，应当履行以下管理人职责：

（一）依法办理资产管理计划的销售、登记、备案事宜；

（二）对所管理的不同资产管理计划的受托财产分别管理、分别记账，进行投资；

（三）按照资产管理合同的约定确定收益分配方案，及时向投资者分配收益；

（四）进行资产管理计划会计核算并编制资产管理计划财务会计报告；

（五）依法计算并披露资产管理计划净值，确定参与、退出价格；

（六）办理与受托财产管理业务活动有关的信息披露事项；

（七）保存受托财产管理业务活动的记录、账册、报表和其他相关资料；

（八）以管理人名义，代表投资者利益行使诉讼权利或者实施其他法律行为；

（九）保证向投资者支付的受托资金及收益返回其参与资产管理计划时使用的结算账户或其同名账户；

（十）法律、行政法规和中国证监会规定的其他职责。

第十三条　投资经理应当依法取得基金从业资格，具有三年以上投资管理、投资研究、投资咨询等相关业务经验，具备良好的诚信记录和职业操守，且最近三年未被监管机构采取重大行政监管措施、行政处罚。

投资经理应当在证券期货经营机构授权范围内独立、客观地履行职责，重要投资应当有详细的研究报告和风险分析支持。

第十四条　证券期货经营机构应当将受托财产交由依法取得基金托管资格的托管机构实施独立托管。法律、行政法规和中国证监会另有规定的除外。

托管人应当履行下列职责：

（一）安全保管资产管理计划财产；

（二）按照规定开设资产管理计划的托管账户，不同托管账户中的财产应当相互独立；

（三）按照资产管理合同约定，根据管理人的投资指令，及时办理清算、交割事宜；

（四）建立与管理人的对账机制，复核、审查管理人计算的资产管理计划资产净值和资产管理计划参与、退出价格；

（五）监督管理人的投资运作，发现管理人的投资或清算指令违反法律、行政法规、中国证监会的规定或者资产管理合同约定的，应当拒绝执行，并向中国证监会相关派出机构报告；

（六）办理与资产管理计划托管业务活动有关的信息披露事项；

（七）对资产管理计划财务会计报告、年度报告出具意见；

（八）保存资产管理计划托管业务活动的记录、账册、报表和其他相关资料；

（九）对资产管理计划投资信息和相关资料承担保密责任，除法律、行政法规、规章规定或者审计要求、合同约定外，不得向任何机构或者个人提供相关信息和资料；

（十）法律、行政法规和中国证监会规定的其他职责。

第十五条　证券期货经营机构可以自行销售资产管理计划，也可以委托具有公开募集证券投资基金（以下简称公募基金）销售资格的机构（以下简称销售机构）销售或者推介资产管理计划。

销售机构应当依法、合规销售或者推介资产管理计划。

第十六条　证券期货经营机构可以自行办理资产管理计划份额的登记、估值、核算，也可以委托中国证监会认可的其他机构代为办理。

第十七条　证券期货经营机构应当立足其专业服务能力开展私募资产管理业务；为更好满足资产管理计划投资配置需求，可以聘请符合中国证监会规定条件并接受国务院金融监督管理机构监管的机构为其提供投资顾问服务。证券期货经营机构依法应当承担的责任不因聘请投资顾问而免除。

证券期货经营机构应当向投资者详细披露所聘请的投资顾问的资质、收费等情况，以及更换、解聘投资顾问的条件和程序，充分揭示聘请投资顾问可能产生的特定风险。

证券期货经营机构不得聘请个人或者不符合条件的机构提供投资顾问服务。

第十八条　证券期货经营机构、托管人、投资顾问及相关从业人员不得有下列行为：

（一）利用资产管理计划从事内幕交易、操纵市场或者其他不当、违法的证券期货业务活动；

（二）泄露因职务便利获取的未公开信息、利用该信息从事或者明示、暗示他人从事相关交易活动；

（三）为违法或者规避监管的证券期货业务活动提供交易便利；

（四）利用资产管理计划，通过直接投资、投资其他资产管理产品或者与他人进行交叉融资安排等方式，违规为本机构及其控股股东、实际控制人或者其他关联方提供融资；

（五）为本人或他人违规持有金融机构股权提供便利；

（六）从事非公平交易、利益输送等损害投资者合法权益的行为；

（七）利用资产管理计划进行商业贿赂；

（八）侵占、挪用资产管理计划财产；

（九）利用资产管理计划或者职务便利为投资者以外的第三方谋取不正当利益；

（十）直接或者间接向投资者返还管理费；

（十一）以获取佣金或者其他不当利益为目的，使用资产管理计划财产进行不必要的交易；

（十二）法律、行政法规和中国证监会规定禁止的其他行为。

第三章　业务形式

第十九条　证券期货经营机构可以为单一投资者设立单一资产管理计划，也可以为多个投资者设立集合资产管理计划。

集合资产管理计划的投资者人数不少于二人，不得超过二百人。符合条件的员工持股计划不穿透计算员工人数。

第二十条　单一资产管理计划可以接受货币资金出资，或者接受投资者合法持有的股票、债券或中国证监会认可的其他金融资产出资。集合资产管理计划原则上应当接受货币资金出资，中国证监会认可的情形除外。

证券登记结算机构应当按照规定为接受股票、债券等证券出资的单一资产管理计划办理证券非交易过户等手续。

第二十一条 资产管理计划应当具有明确、合法的投资方向，具备清晰的风险收益特征，并区分最终投向资产类别，按照下列规定确定资产管理计划所属类别：

（一）投资于存款、债券等债权类资产的比例不低于资产管理计划总资产80%的，为固定收益类；

（二）投资于股票、未上市企业股权等股权类资产的比例不低于资产管理计划总资产80%的，为权益类；

（三）投资于期货和衍生品的持仓合约价值的比例不低于资产管理计划总资产80%，且期货和衍生品账户权益超过资产管理计划总资产20%的，为期货和衍生品类；

（四）投资于债权类、股权类、期货和衍生品类资产的比例未达到前三类产品标准的，为混合类。

第二十二条 根据资产管理计划的类别、投向资产的流动性及期限特点、投资者需求等因素，证券期货经营机构可以设立存续期间办理参与、退出的开放式资产管理计划，或者存续期间不办理参与和退出的封闭式资产管理计划。

开放式资产管理计划应当明确投资者参与、退出的时间、次数、程序及限制事项。开放式集合资产管理计划每三个月至多开放一次计划份额的参与、退出，中国证监会另有规定的除外。

第二十三条 单一资产管理计划可以不设份额，集合资产管理计划应当设定为均等份额。

开放式集合资产管理计划不得进行份额分级。封闭式集合资产管理计划可以根据风险收益特征对份额进行分级。同级份额享有同等权益、承担同等风险。分级资产管理计划优先级与劣后级的比例应当符合法律、行政法规和中国证监会的规定。

分级资产管理计划的名称应当包含“分级”或“结构化”字样，证券期货经营机构应当向投资者充分披露资产管理计划的分级设计及相应风险、收益分配、风险控制等信息。

第二十四条　证券期货经营机构可以设立基金中基金资产管理计划,将 80%以上的资产管理计划资产投资于接受国务院金融监督管理机构监管的机构发行的资产管理产品,但不得违反本办法第四十五条、第四十六条以及中国证监会的其他规定。

证券期货经营机构应当向投资者充分披露基金中基金资产管理计划所投资资产管理产品的选择标准、资产管理计划发生的费用、投资管理人及管理人关联方所设立的资产管理产品的情况。

第二十五条　证券期货经营机构可以设立管理人中管理人资产管理计划,具体规则由中国证监会另行制定。

第四章　非公开募集

第二十六条　资产管理计划应当以非公开方式向合格投资者募集。

证券期货经营机构、销售机构不得公开或变相公开募集资产管理计划,不得通过报刊、电台、电视、互联网等传播媒体或者讲座、报告会、传单、布告、自媒体等方式向不特定对象宣传具体资产管理计划。

证券期货经营机构不得设立多个资产管理计划,同时投资于同一非标准化资产,以变相突破投资者人数限制或者其他监管要求。单一主体及其关联方的非标准化资产,视为同一非标准化资产。

任何单位和个人不得以拆分份额或者转让份额收(受)益权等方式,变相突破合格投资者标准或人数限制。

第二十七条　证券期货经营机构募集资产管理计划,应当与投资者、托管人签订资产管理合同。资产管理合同应当包括《证券投资基金法》第九十二条、第九十三条规定的内容。

资产管理合同应当对巨额退出、延期支付、延期清算、管理人变更或者托管人变更等或有事项,作出明确约定。

第二十八条 证券期货经营机构和销售机构在募集资产管理计划过程中,应当按照中国证监会的规定,严格履行适当性管理义务,充分了解投资者,对投资者进行分类,对资产管理计划进行风险评级,遵循风险匹配原则,向投资者推荐适当的产品,禁止误导投资者购买与其风险承受能力不相符合的产品,禁止向风险识别能力和风险承受能力低于产品风险等级的投资者销售资产管理计划。

投资者应当以真实身份和自有资金参与资产管理计划,并承诺参与资金的来源符合法律、行政法规的规定。投资者未作承诺,或者证券期货经营机构、销售机构知道或者应当知道投资者身份不真实、参与资金来源不合法的,证券期货经营机构、销售机构不得接受其参与资产管理计划。

第二十九条 销售机构应当在募集结束后十个工作日内,将销售过程中产生和保存的投资者信息及资料全面、准确、及时提供给证券期货经营机构。

资产管理计划存续期间持续销售的,销售机构应当在销售行为完成后五个工作日内,将销售过程中产生和保存的投资者信息及资料全面、准确、及时提供给证券期货经营机构。

第三十条 集合资产管理计划募集期间,证券期货经营机构、销售机构应当在规定期限内,将投资者参与资金存入集合资产管理计划份额登记机构指定的专门账户。集合资产管理计划成立前,任何机构和个人不得动用投资者参与资金。

按照前款规定存入专门账户的投资者参与资金,独立于证券期货经营机构、销售机构的固有财产。非因投资者本身的债务或者法律规定的其他情形,不得查封、冻结、扣划或者强制执行存入专门账户的投资者参与资金。

第三十一条 集合资产管理计划成立应当具备下列条件:

(一)募集过程符合法律、行政法规和中国证监会的规定;

(二)募集金额达到资产管理合同约定的成立规模,且不违反中国证监会规定的最低成立规模；

（三）投资者人数不少于二人；

（四）符合中国证监会规定以及资产管理合同约定的其他条件。

第三十二条 集合资产管理计划在募集金额缴足之日起十个工作日内，由证券期货经营机构公告资产管理计划成立；单一资产管理计划在受托资产入账后，由证券期货经营机构书面通知投资者资产管理计划成立。

第三十三条 证券期货经营机构应当在资产管理计划成立之日起五个工作日内，将资产管理合同、投资者名单与认购金额、资产缴付证明等材料报证券投资基金业协会备案。

证券投资基金业协会应当制定资产管理计划备案规则，明确工作程序和期限，并向社会公开。

第三十四条 证券期货经营机构应当在资产管理合同约定的募集期内，完成集合资产管理计划的募集。募集期届满，集合资产管理计划未达到本办法第三十一条规定的成立条件的，证券期货经营机构应当承担下列责任：

（一）以其固有财产承担因募集行为而产生的债务和费用；

（二）在募集期届满后三十日内返还投资者已缴纳的款项，并加计银行同期活期存款利息。

第三十五条 证券期货经营机构以自有资金参与集合资产管理计划，应当符合法律、行政法规和中国证监会的规定，并按照《中华人民共和国公司法》和公司章程的规定，获得公司股东会、董事会或者其他授权程序的批准。

证券期货经营机构自有资金所持的集合资产管理计划份额，应当与投资者所持的同类份额享有同等权益、承担同等风险。

第三十六条 投资者可以通过证券交易所以及中国证监会认可的其他方式，向合格投资者转让其持有的集合资产管理计划份额，并按规定办理份额变更登记手续。转让后，持有资产管理计划份额的合格投资者合计不得超过二百人。

证券期货经营机构应当在集合资产管理计划份额转让前，对受让人的合格投资者身份和资产管理计划的投资者人数进行合规性审查。受让方首次参与集合资产管理计划的，应当先与证券期货经营机构、托管人签订资产管理合同。

证券期货经营机构、交易场所不得通过办理集合资产管理计划的份额转让，公开或变相公开募集资产管理计划。

第五章 投资运作

第三十七条 证券期货经营机构设立集合资产管理计划进行投资，除中国证监会另有规定外，应当采用资产组合的方式。

资产组合的具体方式和比例，依照法律、行政法规和中国证监会的规定在资产管理合同中约定。

第三十八条 资产管理计划可以投资于以下资产：

（一）银行存款、同业存单，以及符合《指导意见》规定的标准化债权类资产，包括但不限于在证券交易所、银行间市场等国务院同意设立的交易场所交易的可以划分为均等份额、具有合理公允价值和完善流动性机制的债券、中央银行票据、资产支持证券、非金融企业债务融资工具等；

（二）上市公司股票、存托凭证，以及中国证监会认可的其他标准化股权类资产；

（三）在证券期货交易所等依法设立的交易场所集中交易清算的期货及期权合约等标准化期货和衍生品类资产；

（四）公募基金，以及中国证监会认可的比照公募基金管理的资产管理产品；

（五）第（一）至（三）项规定以外的非标准化债权类资产、股权类资产、期货和衍生品类资产；

（六）第（四）项规定以外的其他受国务院金融监督管理机构监

管的机构发行的资产管理产品；

（七）中国证监会认可的其他资产。

前款第（一）项至第（四）项为标准化资产，第（五）项至第（六）项为非标准化资产。

中国证监会对证券期货经营机构从事私募资产管理业务投资于本条第一款第（五）项规定资产另有规定的，适用其规定。

第三十九条 资产管理计划可以依法参与证券回购、融资融券、转融通以及中国证监会认可的其他业务。法律、行政法规和中国证监会另有规定的除外。

证券期货经营机构可以依法设立资产管理计划在境内募集资金，投资于中国证监会认可的境外金融产品。

第四十条 资产管理计划不得直接投资商业银行信贷资产；不得违规为地方政府及其部门提供融资，不得要求或者接受地方政府及其部门违规提供担保；不得直接或者间接投资法律、行政法规和国家政策禁止投资的行业或领域。

第四十一条 资产管理计划存续期间，证券期货经营机构应当严格按照法律、行政法规、中国证监会规定以及合同约定的投向和比例进行资产管理计划的投资运作。

资产管理计划改变投向和比例的，应当事先取得投资者同意，并按规定履行合同变更程序。

因证券期货市场波动、证券发行人合并、资产管理计划规模变动等证券期货经营机构之外的因素导致资产管理计划投资不符合法律、行政法规和中国证监会规定的投资比例或者合同约定的投资比例的，证券期货经营机构应当在流动性受限资产可出售、可转让或者恢复交易的二十个交易日内调整至符合相关要求。确有特殊事由未能在规定时间内完成调整的，证券期货经营机构应当及时向中国证监会相关派出机构报告。

第四十二条 证券期货经营机构应当确保资产管理计划所投资的资产组合的流动性与资产管理合同约定的参与、退出安排相匹配，确保在开放期保持适当比例的现金或者其他高流动性金融资产，且限制流动性受限资产投资比例。

第四十三条 资产管理计划应当设定合理的负债比例上限，确保其投资杠杆水平与投资者风险承受能力相匹配，并保持充足的现金或者其他高流动性金融资产偿还到期债务。

资产管理计划的总资产不得超过该计划净资产的200%，分级资产管理计划的总资产不得超过该计划净资产的140%。

第四十四条 证券期货经营机构应当对资产管理计划实行净值化管理，确定合理的估值方法和科学的估值程序，真实公允地计算资产管理计划净值。

第四十五条 资产管理计划接受其他资产管理产品参与的，证券期货经营机构应当切实履行主动管理职责，不得进行转委托，不得再投资除公募基金以外的其他资产管理产品。

第四十六条 资产管理计划投资于其他资产管理产品的，应当明确约定所投资的资产管理产品不再投资除公募基金以外的其他资产管理产品。

中国证监会对创业投资基金、政府出资产业投资基金等另有规定的，不受本条第一款及本办法第四十五条关于再投资其他资产管理产品的限制。

证券期货经营机构不得将其管理的资产管理计划资产投资于该机构管理的其他资产管理计划，依法设立的基金中基金资产管理计划以及中国证监会另有规定的除外。

资产管理计划不得通过投资其他资产管理产品变相扩大投资范围或者规避监管要求。

第四十七条 证券期货经营机构应当切实履行主动管理职责，不得有下列行为：

（一）为其他机构、个人或者资产管理产品提供规避投资范围、杠杆约束等监管要求的通道服务；

（二）由委托人或其指定第三方自行负责尽职调查或者投资运

作;

(三)由委托人或其指定第三方下达投资指令或者提供具体投资标的等实质性投资建议;

(四)根据委托人或其指定第三方的意见行使资产管理计划所持证券的权利;

(五)法律、行政法规和中国证监会禁止的其他行为。

第六章　信息披露

第四十八条　证券期货经营机构、托管人、销售机构和其他信息披露义务人应当依法披露资产管理计划信息,保证所披露信息的真实性、准确性、完整性、及时性,确保投资者能够按照资产管理合同约定的时间和方式查阅或者复制所披露的信息资料。

第四十九条　资产管理计划应向投资者提供下列信息披露文件:

(一)资产管理合同、计划说明书和风险揭示书;

(二)资产管理计划净值,资产管理计划参与、退出价格;

(三)资产管理计划定期报告,至少包括季度报告和年度报告;

(四)重大事项的临时报告;

(五)资产管理计划清算报告;

(六)中国证监会规定的其他事项。

前款第(四)项、第(六)项信息披露文件,应当及时报送中国证监会相关派出机构。

信息披露文件的内容与格式指引由中国证监会或者授权证券投资基金业协会另行制定。

第五十条　证券期货经营机构募集资产管理计划,除向投资者提供资产管理合同外,还应当制作计划说明书和风险揭示书,详细说明资产管理计划管理和运作情况,充分揭示资产管理计划的各类风险。

计划说明书披露的信息应当与资产管理合同内容一致。销售机构应当使用证券期货经营机构制作的计划说明书和其他销售材料,不得擅自修改或者增减材料。

风险揭示书应当作为资产管理合同的附件交由投资者签字确认。

第五十一条 资产管理计划运作期间,证券期货经营机构应当按照以下要求向投资者提供相关信息:

(一)投资标准化资产的资产管理计划至少每周披露一次净值,投资非标准化资产的资产管理计划至少每季度披露一次净值;

(二)开放式资产管理计划净值的披露频率不得低于资产管理计划的开放频率,分级资产管理计划应当披露各类别份额净值;

(三)每季度结束之日起一个月内披露季度报告,每年度结束之日起四个月内披露年度报告;

(四)发生资产管理合同约定的或者可能影响投资者利益的重大事项时,在事项发生之日起五日内向投资者披露;

(五)中国证监会规定的其他要求。

资产管理计划成立不足三个月或者存续期间不足三个月的,证券期货经营机构可以不编制资产管理计划当期的季度报告和年度报告。

第五十二条 披露资产管理计划信息,不得有下列行为:

(一)虚假记载、误导性陈述或者重大遗漏;

(二)对投资业绩进行预测,或者宣传预期收益率;

(三)承诺收益,承诺本金不受损失或者限定损失金额或比例;

(四)夸大或者片面宣传管理人、投资经理及其管理的资产管理计划的过往业绩;

(五)恶意诋毁、贬低其他资产管理人、托管人、销售机构或者其他资产管理产品;

(六)中国证监会禁止的其他情形。

第五十三条 集合资产管理计划年度财务会计报告应当经符

合《证券法》规定的会计师事务所审计，审计机构应当对资产管理计划会计核算及净值计算等出具意见。

第七章 变更、终止与清算

第五十四条 资产管理合同需要变更的，证券期货经营机构应当按照资产管理合同约定的方式取得投资者和托管人的同意，保障投资者选择退出资产管理计划的权利，对相关后续事项作出公平、合理安排。

证券期货经营机构应当自资产管理合同变更之日起五个工作日内报证券投资基金业协会备案。

第五十五条 资产管理计划展期应当符合下列条件：

（一）资产管理计划运作规范，证券期货经营机构、托管人未违反法律、行政法规、中国证监会规定和资产管理合同的约定；

（二）资产管理计划展期没有损害投资者利益的情形；

（三）中国证监会规定的其他条件。

集合资产管理计划展期的，还应当符合集合资产管理计划的成立条件。

第五十六条 有下列情形之一的，资产管理计划终止：

（一）资产管理计划存续期届满且不展期；

（二）证券期货经营机构被依法撤销资产管理业务资格或者依法解散、被撤销、被宣告破产，且在六个月内没有新的管理人承接；

（三）托管人被依法撤销基金托管资格或者依法解散、被撤销、被宣告破产，且在六个月内没有新的托管人承接；

（四）经全体投资者、证券期货经营机构和托管人协商一致决定终止的；

（五）发生资产管理合同约定的应当终止的情形；

（六）集合资产管理计划存续期间，持续五个工作日投资者少于二人；

（七）法律、行政法规及中国证监会规定的其他情形。

证券期货经营机构应当自资产管理计划终止之日起五个工作日内报告证券投资基金业协会。

第五十七条 资产管理计划终止的，证券期货经营机构应当在发生终止情形之日起五个工作日内开始组织清算资产管理计划财产。

清算后的剩余财产，集合资产管理计划应当按照投资者持有份额占总份额的比例，原则上以货币资金形式分配给投资者；资产管理合同另有约定的，从其约定；但不得违反中国证监会规定。单一资产管理计划应当按照合同约定的形式将全部财产交还投资者自行管理。

证券期货经营机构应当在资产管理计划清算结束后五个工作日内将清算报告报证券投资基金业协会。

资产管理计划因受托财产流动性受限等原因延期清算的，证券期货经营机构应当及时向中国证监会相关派出机构报告。

第五十八条 证券期货经营机构、托管人、销售机构等机构应当按照法律、行政法规和中国证监会的规定保存资产管理计划的会计账册，妥善保存有关的合同、协议、交易记录等文件、资料和数据，任何人不得隐匿、伪造、篡改或者销毁。保存期限自资产管理计划终止之日起不少于二十年。

第八章 风险管理与内部控制

第五十九条 证券期货经营机构董事会和高级管理层应当充分了解私募资产管理业务及其面临的各类风险，根据本机构的经营目标、投资管理能力、风险管理水平等因素，合理确定开展私募资产管理业务的总体战略，并指定高级管理人员负责实施。

证券期货经营机构应当建立健全与私募资产管理业务相关的投资者适当性、投资决策、公平交易、会计核算、风险控制、合规管理、投诉处理等管理制度，覆盖私募资产管理业务的各个环节，明确岗位职责和责任追究机制，确保各项制度流程得到有效执行。

第六十条 证券期货经营机构应当采取有效措施，确保私募资产管理业务按规定与其他业务在场地、人员、账户、资金、信息等方面相分离；确保不同投资经理管理的资产管理计划的持仓和交易等重大非公开投资信息相隔离，控制敏感信息的不当流动和使用，切实防范内幕交易、利用未公开信息交易、利益冲突和利益输送。

第六十一条 证券期货经营机构应当建立健全信用风险管理制度，对信用风险进行准确识别、审慎评估、动态监控、及时应对和全程管理。

证券期货经营机构应当对投资对象、交易对手开展必要的尽职调查，实施严格的准入管理和交易额度管理，评估并持续关注证券发行人、融资主体和交易对手的资信状况，以及担保物状况、增信措施和其他保障措施的有效性。出现可能影响投资者权益的事项，证券期货经营机构应当及时采取申请追加担保、依法申请财产保全等风险控制措施。

第六十二条 资产管理计划投资于本办法第三十八条第(五)项规定资产的，证券期货经营机构应当建立专门的质量控制制度，进行充分尽职调查并制作书面报告，设置专岗负责投后管理、信息披露等事宜，动态监测风险。

第六十三条 证券期货经营机构应当建立健全流动性风险监测、预警与应急处置制度，将私募资产管理业务纳入常态化压力测试机制，压力测试应当至少每季度进行一次。

证券期货经营机构应当结合市场状况和自身管理能力制定并持续更新流动性风险应急预案。

第六十四条 证券期货经营机构应当建立公平交易制度及异常交易监控机制，公平对待所管理的不同资产，对投资交易行为进行监控、分析、评估、核查，监督投资交易的过程和结果，保证公平交易原则的实现，不得开展可能导致不公平交易和利益输送的交易行为。

证券期货经营机构应当对不同资产管理计划之间发生的同向交易和反向交易进行监控，并明确异常情况类型及处置安排。同一资产管理计划不得在同一交易日内进行反向交易。确因投资策略或流动性等需要发生同日反向交易的，应要求投资经理提供决策依据，并留存书面记录备查。

资产管理计划依法投资于本办法第三十八条第（三）项规定资产的，在同一交易日内进行反向交易的，不受前款规定限制。

第六十五条　证券期货经营机构的自营账户、资产管理计划账户、作为投资顾问管理的产品账户之间，以及不同资产管理计划账户之间，不得发生交易，有充分证据证明进行有效隔离并且价格公允的除外。

子公司从事私募资产管理业务的，证券期货经营机构的自营账户、资产管理计划账户以及作为投资顾问管理的产品账户与子公司的资产管理计划账户之间的交易，适用本条规定。

第六十六条　证券期货经营机构应当建立健全关联交易管理制度，对关联交易认定标准、交易定价方法、交易审批程序进行规范，不得以资产管理计划的资产与关联方进行不正当交易、利益输送、内幕交易和操纵市场。

证券期货经营机构以资产管理计划资产从事关联交易的，应当遵守法律、行政法规、中国证监会的规定和合同约定，事先取得投资者的同意，事后及时告知投资者和托管人，并向中国证监会相关派出机构报告。

第六十七条　证券期货经营机构应当建立健全信息披露管理制度，设置专门部门或者专岗负责信息披露工作，并建立复核机制，通过规范渠道向投资者披露有关信息，还应当定期对信息披露工作的真实性、准确性、完整性、及时性等进行评估。

第六十八条　证券期货经营机构和托管人应当加强对私募资

产管理业务从业人员的管理，加强关键岗位的监督与制衡，投资经理、交易执行、风险控制等岗位不得相互兼任，并建立从业人员投资申报、登记、审查、处置等管理制度，防范与投资者发生利益冲突。

证券期货经营机构应当完善长效激励约束机制，不得以人员挂靠、业务包干等方式从事私募资产管理业务。

证券期货经营机构分管私募资产管理业务的高级管理人员、私募资产管理业务部门负责人以及投资经理离任的，证券期货经营机构应当立即对其进行离任审查，并自离任之日起三十个工作日内将审查报告报送中国证监会相关派出机构。

第六十九条 证券期货经营机构应当建立资产管理计划的销售机构和投资顾问的授权管理体系，明确销售机构和投资顾问的准入标准和程序，对相关机构资质条件、专业服务能力和风险管理制度等进行尽职调查，确保其符合法规规定。证券期货经营机构应当以书面方式明确界定双方的权利与义务，明确相关风险的责任承担方式。

证券期货经营机构应当建立对销售机构和投资顾问履职情况的监督评估机制，发现违法违规行为的，应当及时更换并报告中国证监会相关派出机构。

第七十条 证券期货经营机构应当每月从资产管理计划管理费中计提风险准备金，或者按照法律、行政法规以及中国证监会的规定计算风险资本准备。

风险准备金主要用于弥补因证券期货经营机构违法违规、违反资产管理合同约定、操作错误或者技术故障等给资产管理计划资产或者投资者造成的损失。风险准备金计提比例不得低于管理费收入的10%，风险准备金余额达到上季末资产管理计划资产净值的1%时可以不再提取。

计提风险准备金的证券期货经营机构，应当选定具有基金托管资格的商业银行开立专门的私募资产管理业务风险准备金账户，该账户不得与公募基金风险准备金账户及其他类型账户混用，不得存放其他性质资金。风险准备金的投资管理和使用，应当参照公募基金风险准备金监督管理有关规定执行。证券期货经营机构应当在私募资产管理业务管理年度报告中，对风险准备金的提取、投资管理、使用、年末结余等情况作专项说明。

第七十一条 证券期货经营机构合规管理和风险管理部门应当定期对私募资产管理业务制度及执行情况进行检查，发现违反法律、行政法规、中国证监会规定或者合同约定的，应当及时纠正处理，并向中国证监会相关派出机构报告。

第七十二条 证券期货经营机构应当建立健全应急处理机制，对发生延期兑付、投资标的重大违约等风险事件的处理原则、方案等作出明确规定。出现重大风险事件的，应当及时向中国证监会相关派出机构报告。

第九章 监督管理与法律责任

第七十三条 证券期货经营机构应当于每月十日前向证券投资基金业协会报送资产管理计划的持续募集情况、投资运作情况、资产最终投向等信息。

证券期货经营机构应当在每季度结束之日起一个月内，编制私募资产管理业务管理季度报告，并报送中国证监会相关派出机构。证券期货经营机构、托管人应当在每年度结束之日起四个月内，分别编制私募资产管理业务管理年度报告和托管年度报告，并报送中国证监会相关派出机构。

证券期货经营机构应当在私募资产管理业务管理季度报告和管理年度报告中，就本办法所规定的风险管理与内部控制制度在报告期内的执行情况等进行分析，并由合规负责人、风控负责人、总经理分别签署。

第七十四条 证券期货经营机构进行年度审计，应当同时对私募资产管理业务的内部控制情况进行审计。

第七十五条 证券交易场所、期货交易所、中国期货市场监控中心(以下简称期货市场监控中心)应当对证券期货经营机构资产管理计划交易行为进行监控。发现存在重大风险、重大异常交易或者涉嫌违法违规事项的,应当及时报告中国证监会及相关派出机构。

证券投资基金业协会应当按照法律、行政法规和中国证监会规定对证券期货经营机构资产管理计划实施备案管理和监测监控。发现提交备案的资产管理计划不符合法律、行政法规和中国证监会规定的,应当要求证券期货经营机构及时整改规范,并报告中国证监会及相关派出机构;发现已备案的资产管理计划存在重大风险或者违规事项的,应当及时报告中国证监会及相关派出机构。

第七十六条 中国证监会及其派出机构对证券期货经营机构、托管人、销售机构和投资顾问等服务机构从事私募资产管理及相关业务的情况,进行定期或者不定期的现场和非现场检查,相关机构应当予以配合。

中国证监会相关派出机构应当定期对辖区证券期货经营机构私募资产管理业务开展情况进行总结分析,纳入监管季度报告和年度报告,发现存在重大风险或者违规事项的,应当及时报告中国证监会。

第七十七条 中国证监会与中国人民银行、中国银行保险监督管理委员会建立监管信息共享机制。

证券交易场所、期货交易所、证券登记结算机构、期货市场监控中心、证券业协会、期货业协会、证券投资基金业协会应当按照中国证监会的要求,定期或者不定期提供证券期货经营机构私募资产管理业务专项统计、分析等数据信息。中国证监会及其派出机构与前述单位之间加强信息共享。

中国证监会相关派出机构应当每月对证券期货经营机构资产

管理计划备案信息和业务数据进行分析汇总,并按照本办法第七十六条的规定报告。

第七十八条 证券期货经营机构、托管人、销售机构和投资顾问等服务机构违反法律、行政法规、本办法及中国证监会其他规定的,中国证监会及相关派出机构可以依法对其采取责令改正、监管谈话、出具警示函、责令定期报告等措施;依法对直接负责的主管人员和其他直接责任人员采取监管谈话、出具警示函、认定为不适当人选等措施。

第七十九条 证券公司及其子公司、基金管理公司及其子公司违反本办法规定构成公司治理结构不健全、内部控制不完善等情形的,对证券公司、基金管理公司及其直接负责的董事、监事、高级管理人员和其他直接责任人员,依照《证券投资基金法》第二十四条、《证券公司监督管理条例》第七十条采取措施。

期货公司及其子公司违反本办法规定被责令改正且逾期未改正,其行为严重危及期货公司的稳健运行,损害客户合法权益,或者涉嫌严重违法违规正在被中国证监会及其派出机构调查的,依照《期货和衍生品法》第七十三条、《期货交易管理条例》第五十五条采取措施。

证券期货经营机构未尽合规审查义务,提交备案的资产管理计划明显或者多次不符合法律、行政法规和中国证监会规定的,依照本条第一款、第二款规定,依法采取责令暂停私募资产管理业务三个月的措施;情节严重的,依法采取责令暂停私募资产管理业务六个月以上的措施。

第八十条 证券期货经营机构、托管人、销售机构和投资顾问等服务机构有下列情形之一且情节严重的,除法律、行政法规另有规定外,给予警告,并处十万元以下的罚款,涉及金融安全且有危害后果的,并处二十万元以下的罚款;对直接负责的主管人员和其他直接责任人员,给予警告,并处十万元以下的罚款,涉及金融安全且有危害后果的,并处二十万元以下的罚款:

（一）违反本办法第三条至第六条规定的；

（二）违反本办法第十二条、第十四条的规定，未按规定履行管理人和托管人职责，或者从事第十八条所列举的禁止行为；

（三）违反本办法第十五条、第十七条的规定，聘请不符合条件的销售机构、投资顾问；

（四）违反本办法第二十三条关于产品分级的规定；

（五）违反本办法第二十六条、第二十七条、第二十八条、第二十九条、第三十条、第三十一条、第三十二条、第三十三条、第三十五条、第三十六条关于非公开募集的规定；

（六）违反本办法第五章关于投资运作的规定；

（七）违反本办法第四十八条、第四十九条、第五十一条、第五十二条，未按照规定向投资者披露资产管理计划信息；

（八）未按照本办法第八章的规定建立健全和有效执行资产管理业务相关制度，内部控制或者风险管理不完善，引发较大风险事件或者存在重大风险隐患；

（九）违反本法第四十九条、第七十三条，未按照规定履行备案或者报告义务，导致风险扩散。

第八十一条 证券期货经营机构、托管人、销售机构和投资顾问等服务机构的相关从业人员违反法律、行政法规和本办法规定，情节严重的，中国证监会可以依法采取市场禁入措施。

第十章 附 则

第八十二条 本办法施行之日前存续的不符合本办法规定的资产管理计划，合同到期前不得新增净参与规模，合同到期后不得续期。证券期货经营机构应当按照中国证监会的要求制定整改计划，明确时间进度安排，有序压缩不符合本办法规定的资产管理计划规模，确保按期全面规范其管理的全部资产管理计划。

第八十三条 证券期货经营机构设立特定目的的公司或者合伙

企业从事私募资产管理业务的,参照适用本办法。

第八十四条 本办法自2023年3月1日起施行。《证券期货经营机构私募资产管理业务管理办法》(证监会令第151号)同时废止。

水利工程质量管理规定

(2023年1月12日水利部令第52号公布 自2023年3月1日起施行 国司备字[2023008136])

第一章 总 则

第一条 为了加强水利工程质量管理,保证水利工程质量,推动水利工程建设高质量发展,根据《中华人民共和国建筑法》、《建设工程质量管理条例》、《建设工程勘察设计管理条例》等法律、行政法规,制定本规定。

第二条 从事水利工程建设(包括新建、扩建、改建、除险加固等)有关活动及其质量监督管理,应当遵守本规定。

第三条 水利工程建设应当严格执行基本建设程序,不得超越权限审批建设项目或者擅自简化基本建设程序。

第四条 水利部负责全国水利工程质量的监督管理。

水利部所属流域管理机构(以下简称流域管理机构)依照法律、行政法规规定和水利部授权,负责所管辖范围内水利工程质量的监督管理。

县级以上地方人民政府水行政主管部门在职责范围内负责本行政区域水利工程质量的监督管理。

第五条 项目法人或者建设单位(以下统称项目法人)对水利工程质量承担首要责任。勘察、设计、施工、监理单位对水利工程质量承担主体责任,分别对工程的勘察质量、设计质量、施工质量和监理质量负责。检测、监测单位以及原材料、中间产品、设备供应商等单位依据有关规定和合同，分别对工程质量承担相应责任。

项目法人、勘察、设计、施工、监理、检测、监测单位以及原材料、中间产品、设备供应商等单位的法定代表人及其工作人员，按照各自职责对工程质量依法承担相应责任。

第六条 水利工程实行工程质量终身责任制。项目法人、勘察、设计、施工、监理、检测、监测等单位人员，依照法律法规和有关规定，在工程合理使用年限内对工程质量承担相应责任。

第七条 任何单位和个人对水利工程建设中发生的质量事故、质量缺陷和影响工程质量的行为均有权检举、控告、投诉。

第八条 鼓励水利工程项目法人、勘察、设计、施工、监理等参建单位采用先进的科学技术和管理方法，推行全面质量管理，提升工程质量水平，创建优质工程。

县级以上人民政府水行政主管部门或者流域管理机构按照国家有关规定对提升水利工程质量做出突出贡献的单位和个人进行奖励。

第九条 水利工程各参建单位应当建立健全教育培训制度，对职工进行质量管理教育培训，按照规定开展上岗作业考核，强化质量意识，提高质量管理能力。

第二章 项目法人的质量责任

第十条 项目法人应当根据水利工程的规模和技术复杂程度明确质量管理机构，建立健全质量管理制度，落实质量责任，实施工程建设的全过程质量管理。

第十一条 项目法人应当将工程依法发包给具有相应资质等级的单位。

项目法人与参建单位签订的合同文件中，应当包括工程质量条款，明确工程质量要求，并约定合同各方的质量责任。

项目法人应当依法向有关的勘察、设计、施工、监理等单位提供与工程有关的原始资料。原始资料必须真实、准确、齐全。

第十二条 项目法人不得迫使市场主体以低于成本的价格竞标，不得任意压缩合理工期。

项目法人不得明示或者暗示勘察、设计、施工单位违反工程建设强制性标准，降低工程质量；不得明示或者暗示施工单位使用不合格的原材料、中间产品和设备。

第十三条 项目法人应当按照国家有关规定办理工程质量监督及开工备案手续，并书面明确各参建单位项目负责人和技术负责人。

第十四条 项目法人应当依据经批准的设计文件，组织编制工程建设执行技术标准清单，明确工程建设质量标准。

第十五条 项目法人应当组织开展施工图设计文件审查。未经审查合格的施工图设计文件，不得使用。

项目法人应当组织或者委托监理单位组织有关参建单位进行勘察、设计交底。

项目法人应当加强设计变更管理，按照规定履行设计变更程序。设计变更未经审查同意的，不得擅自实施。

第十六条 项目法人应当严格依照有关法律、法规、规章、技术标准、批准的设计文件和合同开展验收工作。工程质量符合相关要求的，方可通过验收。

第十七条 项目法人应当对参建单位的质量行为和工程实体质量进行检查，对发现的问题组织责任单位进行整改落实。对发生严重违规行为和质量事故的，项目法人应当及时报告具有管辖权的水行政主管部门或者流域管理机构。

第十八条 工程开工后，项目法人应当在工程施工现场明显部位设立质量责任公示牌，公示项目法人、勘察、设计、施工、监理等参建单位的名称、项目负责人姓名以及质量举报电话，接受社会监督。

工程竣工验收后，项目法人应当在工程明显部位设置永久性标志，载明项目法人、勘察、设计、施工、监理等参建单位名称、项目负责人姓名。

第十九条 项目法人应当按照档案管理的有关规定，及时收集、整理并督促指导其他参建单位收集、整理工程建设各环节的文件资料，建立健全项目档案，并在工程竣工验收后，办理移交手续。

第二十条 水利工程建设实行代建、项目管理总承包等管理模式的，代建、项目管理总承包等单位按照合同约定承担相应质量责任，不替代项目法人的质量责任。

第三章 勘察、设计单位的质量责任

第二十一条 勘察、设计单位应当在其资质等级许可的范围内承揽水利工程勘察、设计业务，禁止超越资质等级许可的范围或者以其他勘察、设计单位的名义承揽水利工程勘察、设计业务，禁止允许其他单位或者个人以本单位的名义承揽水利工程勘察、设计业务，不得转包或者违法分包所承揽的水利工程勘察、设计业务。

第二十二条 勘察、设计单位应当依据有关法律、法规、规章、技术标准、规划、项目批准文件进行勘察、设计，严格执行工程建设强制性标准，保障工程勘察、设计质量。

第二十三条 勘察、设计单位应当依照有关规定建立健全勘察、设计质量管理体系，加强勘察、设计过程质量控制，严格执行勘察、设计文件的校审、会签、批准制度。

第二十四条 勘察单位提供的地质、测量、水文等勘察成果必须真实、准确，符合国家和相关行业规定的勘察深度要求。

第二十五条 设计单位应当根据勘察成果文件进行设计，提交的设计文件应当符合相关技术标准规定的设计深度要求，并注明工程及其水工建筑物合理使用年限。

水利工程施工图设计文件，应当以批准的初步设计文件以及设计变更文件为依据。

第二十六条 设计单位在设计文件中选用的原材料、中间产品和设备，应当注明规格、型号、性能等技术指标，其质量要求必须符合国家规定的标准。

除有特殊要求的原材料、中间产品和设备外，设计单位不得指定生产厂家和供应商。

第二十七条 勘察、设计单位应当在工程施工前，向施工、监理等有关参建单位进行交底，对施工图设计文件作出详细说明，并对涉及工程结构安全的关键部位进行明确。

第二十八条 勘察、设计单位应当及时解决施工中出现的勘察、设计问题。

设计单位应当根据工程建设需要和合同约定，在施工现场设立设计代表机构或者派驻具备相应技术能力的人员担任设计代表，及时提供设计文件，按照规定做好设计变更。

设计单位发现违反设计文件施工的情况，应当及时通知项目法人和监理单位。

第二十九条 勘察、设计单位应当按照有关规定参加工程验收，并在验收中对施工质量是否满足设计要求提出明确的评价意见。

第三十条 设计单位应当参与水利工程质量事故分析，提出相应的技术处理方案。

第四章 施工单位的质量责任

第三十一条 施工单位应当在其资质等级许可的范围内承揽水利工程施工业务，禁止超越资质等级许可的业务范围或者以其他施工单位的名义承揽水利工程施工业务，禁止允许其他单位或者个人以本单位的名义承揽水利工程施工业务，不得转包或者违法分包所承揽的水利工程施工业务。

第三十二条 施工单位必须按照批准的设计文件和有关技术标准施工,不得擅自修改设计文件,不得偷工减料。

施工单位发现设计文件和图纸有差错的,应当及时向项目法人、设计单位、监理单位提出意见和建议。

施工单位应当严格施工过程质量控制,保证施工质量。

第三十三条 施工单位应当建立健全施工质量管理体系,根据工程施工需要和合同约定,设置现场施工管理机构,配备满足施工需要的管理人员,落实质量责任制。

施工单位一般不得更换派驻现场的项目经理和技术负责人;确需更换的,应当经项目法人书面同意,且更换后的人员资格不得低于合同约定的条件。

第三十四条 水利工程的勘察、设计、施工、设备采购的一项或者多项实行总承包的,总承包单位对其承包的工程或者采购的设备质量负责。

总承包单位依法将工程分包给其他单位的,分包单位按照分包合同的约定对其分包工程的质量向总承包单位负责,总承包单位与分包单位对分包工程的质量承担连带责任。分包单位应当接受总承包单位的质量管理。

禁止分包单位将其承包的工程再分包。

第三十五条 施工单位必须按照经批准的设计文件、有关技术标准和合同约定,对原材料、中间产品、设备以及单元工程(工序)等进行质量检验,检验应当有检查记录或者检测报告,并有专人签字,确保数据真实可靠。对涉及结构安全的试块、试件以及有关材料,应当在项目法人或者监理单位监督下现场取样。未经检验或者检验不合格的,不得使用。

前款规定的质量检测业务按照有关规定由具有相应资质等级的水利工程质量检测单位承担。

第三十六条 施工单位应当严格执行工程验收制度。单元工程(工序)未经验收或者验收不通过的,不得进行下一单元工程(工序)施工。

施工单位应当做好隐蔽工程的质量检查和记录,隐蔽工程在隐蔽前,施工单位应当通知项目法人和水利工程质量监督机构。隐蔽工程未经验收或者验收不通过的,不得隐蔽。

第三十七条 施工单位应当加强施工过程质量控制,形成完整、可追溯的施工质量管理文件资料,并按照档案管理的有关规定进行收集、整理和归档。主体工程的隐蔽部位施工、质量问题处理等,必须保留照片、音视频文件资料并归档。

第三十八条 对出现施工质量问题的工程或者验收不合格的工程,施工单位应当负责返修或者重建。

第三十九条 水利工程在保修范围和保修期限内发生质量问题的,施工单位应当履行保修义务,并对造成的损失承担赔偿责任。

水利工程的保修范围、期限,应当在施工合同中约定。

第四十条 发生质量事故时,施工单位应当采取措施防止事故扩大,保护事故现场,并及时通知项目法人、监理单位,接受质量事故调查。

第五章 监理单位的质量责任

第四十一条 监理单位应当在其资质等级许可的范围内承担水利工程监理业务,禁止超越资质等级许可的范围或者以其他监理单位的名义承担水利工程监理业务,禁止允许其他单位或者个人以本单位的名义承担水利工程监理业务,不得转让其承担的水利工程监理业务。

第四十二条 监理单位应当依照国家有关法律、法规、规章、技术标准、批准的设计文件和合同,对水利工程质量实施监理。

第四十三条 监理单位应当建立健全质量管理体系,按照工程监理需要和合同约定，在施工现场设置监理机构，配备满足工程建设需要的监理人员，落实质量责任制。

现场监理人员应当按照规定持证上岗。总监理工程师和监理工程师一般不得更换；确需更换的，应当经项目法人书面同意，且更换后的人员资格不得低于合同约定的条件。

第四十四条 监理单位应当对施工单位的施工质量管理体系、施工组织设计、专项施工方案、归档文件等进行审查。

第四十五条 监理单位应当按照有关技术标准和合同要求，采取旁站、巡视、平行检验和见证取样检测等形式，复核原材料、中间产品、设备和单元工程（工序）质量。

未经监理工程师签字，原材料、中间产品和设备不得在工程上使用或者安装，施工单位不得进行下一单元工程（工序）的施工。未经总监理工程师签字，项目法人不拨付工程款，不进行竣工验收。

平行检验中需要进行检测的项目按照有关规定由具有相应资质等级的水利工程质量检测单位承担。

第四十六条 监理单位不得与被监理工程的施工单位以及原材料、中间产品和设备供应商等单位存在隶属关系或者其他利害关系。

监理单位不得与项目法人或者被监理工程的施工单位串通，弄虚作假、降低工程质量。

第六章 其他单位的质量责任

第四十七条 水利工程质量检测单位应当在资质等级许可的范围内承揽水利工程质量检测业务，禁止超越资质等级许可的范围或者以其他单位的名义承揽水利工程质量检测业务，禁止允许其他单位或者个人以本单位的名义承揽水利工程质量检测业务，不得转让承揽的水利工程质量检测业务。原材料、中间产品和设备供应商等单位应当在生产经营许可范围内承担相应业务。

第四十八条 质量检测单位应当依照有关法律、法规、规章、技术标准和合同,及时、准确地向委托方提交质量检测报告并对质量检测成果负责。

质量检测单位应当建立检测结果不合格项目台账,并将可能形成质量隐患或者影响工程正常运行的检测结果及时报告委托方。

第四十九条 监测单位应当依照有关法律、法规、规章、技术标准和合同,做好监测仪器设备检验、埋设、安装、调试和保护工作,保证监测数据连续、可靠、完整,并对监测成果负责。

监测单位应当按照合同约定进行监测资料分析,出具监测报告,并将可能反映工程安全隐患的监测数据及时报告委托方。

第五十条 质量检测单位、监测单位不得出具虚假和不实的质量检测报告、监测报告,不得篡改或者伪造质量检测数据、监测数据。

任何单位和个人不得明示或者暗示质量检测单位、监测单位出具虚假和不实的质量检测报告、监测报告,不得篡改或者伪造质量检测数据、监测数据。

第五十一条 原材料、中间产品和设备供应商等单位提供的原材料、中间产品和设备应当满足有关技术标准、经批准的设计文件和合同要求。

第七章 监督管理

第五十二条 县级以上人民政府水行政主管部门、流域管理机构在管辖范围内负责对水利工程质量的监督管理:

(一)贯彻执行水利工程质量管理的法律、法规、规章和工程建设强制性标准,并组织对贯彻落实情况实施监督检查;

(二)制定水利工程质量管理制度;

（三）组织实施水利工程建设项目的质量监督；

（四）组织、参与水利工程质量事故的调查与处理；

（五）建立举报渠道，受理水利工程质量投诉、举报；

（六）履行法律法规规定的其他职责。

第五十三条 县级以上人民政府水行政主管部门可以委托水利工程质量监督机构具体承担水利工程建设项目的质量监督工作。

县级以上人民政府水行政主管部门、流域管理机构可以采取购买技术服务的方式对水利工程建设项目实施质量监督。

第五十四条 县级以上人民政府水行政主管部门、流域管理机构、受委托的水利工程质量监督机构应当采取抽查等方式，对水利工程建设有关单位质量行为和工程实体质量进行监督检查。有关单位和个人应当支持与配合，不得拒绝或者阻碍质量监督检查人员依法执行职务。

水利工程质量监督工作主要包括以下内容：

（一）核查项目法人、勘察、设计、施工、监理、质量检测等单位和人员的资质或者资格；

（二）检查项目法人、勘察、设计、施工、监理、质量检测、监测等单位履行法律、法规、规章规定的质量责任情况；

（三）检查工程建设强制性标准执行情况；

（四）检查工程项目质量检验和验收情况；

（五）检查原材料、中间产品、设备和工程实体质量情况；

（六）实施其他质量监督工作。

质量监督工作不代替项目法人、勘察、设计、施工、监理及其他单位的质量管理工作。

第五十五条 县级以上人民政府水行政主管部门、流域管理机构、受委托的水利工程质量监督机构履行监督检查职责时，依法采取下列措施：

（一）要求被监督检查单位提供有关工程质量等方面的文件和

资料；

（二）进入被监督检查工程现场和其他相关场所进行检查、抽样检测等。

第五十六条 县级以上人民政府水行政主管部门、流域管理机构、受委托的水利工程质量监督机构履行监督检查职责时，发现有下列行为之一的，责令改正，采取处理措施：

（一）项目法人质量管理机构和人员设置不满足工程建设需要，质量管理制度不健全，未组织编制工程建设执行技术标准清单，未组织或者委托监理单位组织勘察、设计交底，未按照规定履行设计变更手续，对发现的质量问题未组织整改落实的；

（二）勘察、设计单位未严格执行勘察、设计文件的校审、会签、批准制度，未按照规定进行勘察、设计交底，未按照规定在施工现场设立设计代表机构或者派驻具有相应技术能力的人员担任设计代表，未按照规定参加工程验收，未按照规定执行设计变更，对发现的质量问题未组织整改落实的；

（三）施工单位未经项目法人书面同意擅自更换项目经理或者技术负责人，委托不具有相应资质等级的水利工程质量检测单位对检测项目实施检测，单元工程（工序）施工质量未经验收或者验收不通过擅自进行下一单元工程（工序）施工，隐蔽工程未经验收或者验收不通过擅自隐蔽，伪造工程检验或者验收资料，对发现的质量问题未组织整改落实的；

（四）监理单位未经项目法人书面同意擅自更换总监理工程师或者监理工程师，未对施工单位的施工质量管理体系、施工组织设计、专项施工方案、归档文件等进行审查，伪造监理记录和平行检验资料，对发现的质量问题未组织整改落实的；

（五）有影响工程质量的其他问题的。

第五十七条 项目法人应当将重要隐蔽单元工程及关键部位单元工程、分部工程、单位工程质量验收结论报送承担项目质量监督的水行政主管部门或者流域管理机构。

第八章 罚 则

第五十八条 县级以上人民政府水行政主管部门、流域管理机构、水利工程质量监督机构的工作人员在水利工程质量监督管理工作中玩忽职守、滥用职权、徇私舞弊，构成犯罪的，依法追究刑事责任；尚不构成犯罪的，依法给予政务处分。

第五十九条 违反本规定，项目法人将工程发包给不具有相应资质等级的勘察、设计、施工单位或者委托给不具有相应资质等级的监理单位的，依照《建设工程质量管理条例》第五十四条规定，由水行政主管部门或者流域管理机构依据职权责令改正，处50万元以上100万元以下的罚款。

第六十条 违反本规定，项目法人有下列行为之一的，依照《建设工程质量管理条例》第五十六条规定，由水行政主管部门或者流域管理机构依据职权责令改正，处20万元以上50万元以下的罚款：

（一）迫使市场主体以低于成本的价格竞标的；

（二）任意压缩合理工期的；

（三）明示或者暗示勘察、设计、施工单位违反工程建设强制性标准，降低工程质量的；

（四）施工图设计文件未经审查或者审查不合格，擅自施工的；

（五）未按照国家规定办理工程质量监督手续的；

（六）明示或者暗示施工单位使用不合格的原材料、中间产品和设备的。

第六十一条 违反本规定，水利工程竣工验收后，项目法人未移交建设项目档案的，依照《建设工程质量管理条例》第五十九条规定，由水行政主管部门或者流域管理机构依据职权责令改正，处1万元以上10万元以下的罚款。

第六十二条 违反本规定，勘察、设计、施工、监理单位超越本单位资质等级承揽工程的，依照《建设工程质量管理条例》第六十条规定，由水行政主管部门或者流域管理机构依据职权责令停止违法行为，对勘察、设计或者监理单位处合同约定的勘察费、设计费或者监理酬金1倍以上2倍以下的罚款；对施工单位处工程合同价款2%以上4%以下的罚款；有违法所得的，予以没收。

第六十三条 违反本规定，勘察、设计、施工、监理单位允许其他单位或者个人以本单位名义承揽工程的，依照《建设工程质量管理条例》第六十一条规定，由水行政主管部门或者流域管理机构依据职权责令改正，没收违法所得，对勘察、设计或者监理单位处合同约定的勘察费、设计费或者监理酬金1倍以上2倍以下的罚款；对施工单位处工程合同价款2%以上4%以下的罚款。

第六十四条 违反本规定，承包单位将承包的工程转包或者违法分包的，依照《建设工程质量管理条例》第六十二条规定，由水行政主管部门或者流域管理机构依据职权责令改正，没收违法所得，对勘察、设计单位处合同约定的勘察费、设计费25%以上50%以下的罚款；对施工单位处工程合同价款0.5%以上1%以下的罚款。

监理单位转让工程监理业务的，依照《建设工程质量管理条例》第六十二条规定，由水行政主管部门或者流域管理机构依据职权责令改正，没收违法所得，处合同约定的监理酬金25%以上50%以下的罚款。

第六十五条 违反本规定，勘察、设计单位未依据项目批准文件，相关规划，国家规定的勘察、设计深度要求编制水利工程勘察、设计文件的，依照《建设工程勘察设计管理条例》第四十条规定，由水行政主管部门或者流域管理机构依据职权责令限期改正；逾期不改正的，处10万元以上30万元以下的罚款；造成损失的，依法承担赔偿责任。

第六十六条 违反本规定，勘察、设计单位有下列行为之一的，依照《建设工程质量管理条例》第六十三条规定，由水行政主管

部门或者流域管理机构依据职权责令改正,处10万元以上30万元以下的罚款;造成损失的,依法承担赔偿责任:

(一)勘察单位未按照工程建设强制性标准进行勘察的;

(二)设计单位未根据勘察成果文件进行工程设计的;

(三)设计单位指定原材料、中间产品和设备的生产厂、供应商的;

(四)设计单位未按照工程建设强制性标准进行设计的。

第六十七条 违反本规定,施工单位在施工中偷工减料的,使用不合格的原材料、中间产品和设备的,或者有不按照批准的设计文件或者技术标准施工的其他行为的,依照《建设工程质量管理条例》第六十四条规定,由水行政主管部门或者流域管理机构依据职权责令改正,处工程合同价款2%以上4%以下的罚款;造成水利工程质量不符合规定的质量标准的,负责返工、修理,并赔偿因此造成的损失。

第六十八条 违反本规定,施工单位未对原材料、中间产品、设备进行检验,或者未对涉及结构安全的试块、试件以及有关材料取样检测的,依照《建设工程质量管理条例》第六十五条规定,由水行政主管部门或者流域管理机构依据职权责令改正,处10万元以上20万元以下的罚款;造成损失的,依法承担赔偿责任。

第六十九条 违反本规定,施工单位不履行保修义务或者拖延履行保修义务的,依照《建设工程质量管理条例》第六十六条规定,由水行政主管部门或者流域管理机构依据职权责令改正,处10万元以上20万元以下的罚款,并对在保修期内因质量缺陷造成的损失承担赔偿责任。

第七十条 违反本规定,监理单位有下列行为之一的,依照《建设工程质量管理条例》第六十七条规定,由水行政主管部门或者流域管理机构依据职权责令改正,处50万元以上100万元以下的罚款;有违法所得的,予以没收;造成损失的,承担连带赔偿责任:

（一）与项目法人或者施工单位串通，弄虚作假、降低工程质量的；

（二）将不合格的水利工程、原材料、中间产品和设备按照合格签字的。

第七十一条 违反本规定，监理单位与被监理工程的施工单位以及原材料、中间产品和设备供应商等单位有隶属关系或者其他利害关系承担该项工程的监理业务的，依照《建设工程质量管理条例》第六十八条规定，由水行政主管部门或者流域管理机构依据职权责令改正，处5万元以上10万元以下的罚款；有违法所得的，予以没收。

第七十二条 水利工程质量检测单位伪造检测数据，出具虚假质量检测报告的，由水行政主管部门或者流域管理机构依据职权责令改正，给予警告或者通报批评，处10万元以下罚款；给他人造成损失的，依法承担赔偿责任。

第七十三条 有关单位违反本规定，依法应当责令停业整顿、降低资质等级或者吊销资质证书的，依照《建设工程质量管理条例》第七十五条、《建设工程勘察设计管理条例》第四十二条的规定处罚。

依照《建设工程质量管理条例》给予单位罚款处罚的，对单位直接负责的主管人员和其他直接责任人员处单位罚款数额5%以上10%以下的罚款。

第七十四条 违反工程质量管理的行为，《中华人民共和国建筑法》、《建设工程质量管理条例》、《建设工程勘察设计管理条例》等法律、行政法规另有规定的，依照其规定执行。

第七十五条 县级以上人民政府水行政主管部门、流域管理机构应当依照有关规定加强对水利工程建设项目法人、勘察、设计、施工、监理、检测、监测等单位的信用监管，对相关单位的行政处罚、行政处理决定信息，依照有关规定记入其信用记录。

第九章　附　　则

第七十六条　本规定自 2023 年 3 月 1 日起施行。1997 年 12 月 21 日水利部发布的《水利工程质量管理规定》同时废止。

证券经纪业务管理办法

（2023 年 1 月 13 日中国证券监督管理委员会令第 204 号公布　自 2023 年 2 月 28 日起施行　国司备字[2023007927]）

第一章　总　　则

第一条　为了规范证券经纪业务，保护投资者合法权益，维护证券市场秩序，根据《中华人民共和国证券法》、《证券公司监督管理条例》等法律、行政法规，制定本办法。

第二条　经中国证券监督管理委员会（以下简称中国证监会）核准，证券公司可以经营证券经纪业务。除证券公司外，任何单位和个人不得从事证券经纪业务。

本办法所称证券经纪业务，是指开展证券交易营销，接受投资者委托开立账户、处理交易指令、办理清算交收等经营性活动。

本办法所称证券交易，包括在上海证券交易所、深圳证券交易所、北京证券交易所和全国中小企业股份转让系统进行的证券交易。

本办法所称投资者，是指开展证券交易的自然人、法人、非法人组织，以及依法设立的金融产品。

第三条　证券公司从事证券经纪业务，应当依法履行以下职责：

（一）规范开展营销活动；

（二）充分了解投资者，履行适当性管理义务；

（三）落实账户实名制要求；

（四）履行反洗钱义务；

（五）对投资者账户开立与使用、资金划转与证券交易等行为进行管理和监控；

（六）保障投资者交易的安全、连续；

（七）开展投资者教育；

（八）防范违法违规证券交易活动；

（九）维护正常市场秩序；

（十）中国证监会、证券交易场所、中国证券登记结算有限责任公司（以下简称中国结算）等规定的其他职责。

第四条 投资者开展证券交易，应当依法与证券公司签订证券交易委托代理协议，委托证券公司为其买卖证券并承担相应的清算交收责任。

证券公司从事证券经纪业务，应当诚实守信，切实维护投资者财产安全，保障投资者信息知情权、公平交易权等合法权益。

证券公司从事证券经纪业务，应当遵守投资者利益优先和公平对待投资者的原则，防范公司与投资者之间、不同投资者之间的利益冲突。

第五条 证券公司从事证券经纪业务，应当对证券经纪业务涉及的账户、资产、系统、人员、场所等实施统一管理，并采取措施识别、监控、处置各类风险。

第六条 中国证监会及其派出机构依照法律法规、本办法的相关规定，对证券经纪业务活动实施监督管理。

上海证券交易所、深圳证券交易所、北京证券交易所、全国中小企业股份转让系统有限责任公司、中国结算、中国证券业协会、中国证券投资者保护基金有限责任公司（以下简称投保基金公司）等根据法律法规和本办法的规定，对相关证券经纪业务活动制定实施细则，履行相应管理职责。

第二章　业务规则

第七条　证券公司申请开展证券经纪业务，应当符合以下条件：

（一）净资本等财务和风险控制指标符合法律、行政法规和中国证监会的规定；

（二）法人治理结构良好，内部控制、合规管理、风险管理制度健全；

（三）高级管理人员符合规定条件，从业人员数量满足开展业务需要；

（四）具有符合要求的营业场所、安全防范设施、信息技术系统；

（五）最近两年未因重大违法违规行为被行政处罚或者刑事处罚，最近一年未被采取重大行政监管措施，无因涉嫌重大违法违规正受到监管机构或有权机关立案调查的情形；

（六）法律、行政法规和中国证监会规定的其他条件。

第八条　证券公司及其从业人员从事证券经纪业务营销活动，应当向投资者介绍证券交易基本知识，充分揭示投资风险，不得有下列行为：

（一）诱导无投资意愿或者不具备相应风险承受能力的投资者开立账户、参与证券交易活动；

（二）提供、传播虚假或者误导投资者的信息；

（三）直接或者变相向投资者返还佣金、赠送礼品礼券或者提供其他非证券业务性质的服务；

（四）采用诋毁其他证券公司等不正当竞争方式招揽投资者；

（五）对投资者证券买卖的收益或者赔偿证券买卖的损失作出承诺；

（六）与投资者约定分享投资收益或者分担投资损失；

（七）违规委托证券经纪人以外的个人或者机构进行投资者招揽、服务活动；

（八）损害投资者合法权益或者扰乱市场秩序的其他行为。

第九条　证券公司从事证券经纪业务，可以选择新闻媒体、互联网信息平台等第三方载体投放广告。投资者招揽、接收交易指令等证券业务的任一环节，应当由证券公司独立完成，第三方载体不得介入。

第十条　证券公司从事证券经纪业务，应当对营销活动加强统一管理，防范从业人员违规展业。

证券公司应当区分信息系统的内部管理功能与对外展业功能，内部管理功能不得用于对外展业或者变相展业。证券公司应当通过公司网站、营业场所、客户端公示对外展业的信息系统相关信息。

第十一条　证券公司应当了解投资者的基本信息、财产状况、金融资产状况、投资知识和经验、专业能力、交易需求、风险偏好、以往交易合规等情况。证券公司为法人、非法人组织开户的，还应当按照规定了解其业务性质、股权及控制权结构，了解受益所有人信息。投资者为金融产品的，证券公司还应当按照规定了解产品结构、产品期限、收益特征，以及委托人、投资顾问、受益所有人等信息。

投资者应当如实向证券公司提供上述信息，金融产品管理人还应当提供相关金融产品的审批或者备案信息。投资者、金融产品管理人未如实提供上述信息的，应承担相应的法律责任。

第十二条　投资者根据本办法第十一条规定提供的相关信息发生变更的，应及时告知证券公司。

证券公司应持续关注投资者基本信息、身份证明文件有效期等情况，发现需要变更的，应要求投资者及时办理变更手续。

投资者未按要求在合理期限内变更且没有提出合理理由的，

证券公司应当根据相关规定及证券交易委托代理协议的约定采取限制、暂停、终止提供证券交易服务等措施。

第十三条 证券公司与投资者签订证券交易委托代理协议，应当提醒投资者阅知有关业务规则和协议内容，向其揭示业务风险，并将风险揭示书交由投资者确认。

证券交易委托代理协议应当明确约定服务内容、服务期限、服务价格、代收税费标准、信息系统故障、异常交易行为管理、服务暂停与终止、纠纷解决与违约责任等事项。服务内容包括委托发送、撤销与接收、有效委托与无效委托、委托传递与成交回报等。

第十四条 证券公司从事证券经纪业务，应当按照账户实名制要求，依法为投资者开立资金账户、证券账户。

资金账户、证券账户管理的具体规则由中国证券业协会和中国结算制定。

第十五条 证券公司应当采取必要措施，对机构投资者、金融资产超过一定金额的个人投资者强化身份识别。上述金额标准由中国证券业协会确定。

证券公司发现投资者信息存疑的，应当要求投资者补充提供其他证明材料；无法核实投资者真实身份或者其他可能影响开户、交易合规性的重要信息，或者核实后发现不符合中国证券业协会、中国结算、证券交易场所有关规定的，应当拒绝为投资者开立账户、开通交易权限或者提供交易服务。

证券公司使用其他金融机构采集的投资者身份信息的，投资者身份识别义务及相应的责任不因信赖其他金融机构提供的信息而免除。

第十六条 证券公司应当根据《证券期货投资者适当性管理办法》的规定，将投资者区分为普通投资者和专业投资者。根据投资年限、投资经验等因素进一步细化普通投资者分类，提供针对性的交易服务。证券公司向普通投资者提供的交易服务的风险等级应当与投资者分类结果相匹配。

证券公司认为投资者参与相关交易不适当，或者无法判断是否适当的，应当拒绝提供相关服务。投资者不符合中国证监会、自律组织针对特定市场、产品、交易规定的投资者准入要求的，证券公司不得为其提供相关服务。

第十七条 证券公司应当对投资者资金账户、证券账户使用情况进行监测，发现不符合账户管理要求的，应当按照中国证券业协会、中国结算的规定采取相应措施。

第十八条 投资者进行证券交易，应当直接向证券公司发送委托指令。证券公司应当明确委托指令接收、排序、处理的相关要求，公平对待投资者，同时采取有效措施，保管委托指令与成交记录，防止其他单位和个人违规接收、保存或者截留投资者的委托指令、成交记录等信息。

第十九条 证券公司应当建立健全委托指令审核机制，核查投资者委托指令要素齐备性。证券公司委托指令审核规则应当符合法律法规、中国证监会、证券交易场所的规定。

证券公司应当采取信息技术等手段，按规定对投资者账户内的资金、证券是否充足进行审查。投资者资金账户内的资金不足的，不得接受其买入委托；投资者证券账户内的证券不足的，不得接受其卖出委托。

第二十条 证券公司应当按照投资者委托指令载明的证券名称、买卖数量、买卖价格和接收投资者委托指令的时间顺序向证券交易场所申报。证券公司及其从业人员不得有下列行为：

（一）违背投资者的委托为其买卖证券；

（二）私下接受投资者委托买卖证券；

（三）接受投资者的全权委托；

（四）未经投资者的委托，擅自为投资者买卖证券，或者假借投资者的名义买卖证券；

（五）诱导投资者进行不必要的证券买卖；

（六）隐匿、伪造、篡改或者毁损交易记录；

（七）明知投资者实施操纵市场、内幕交易等违法违规行为，仍为其提供服务；

（八）违背投资者意愿或者损害投资者合法权益的其他行为。

第二十一条 证券公司从事证券经纪业务，按照规定成为证券交易场所交易参与人，持有和使用交易单元。证券公司不得允许他人以证券公司的名义直接参与证券的集中交易，不得将持有的交易单元违规提供给他人使用。

证券公司按照规定将交易单元提供给他人使用的，应当报告证券交易场所，纳入证券公司统一管理。

第二十二条 投资者账户出现大额资金划转，并存在下列情形之一的，证券公司应当重新识别投资者身份：

（一）与投资者资产收入情况明显不一致；

（二）与已经掌握的相关信息相矛盾；

（三）法律法规规定的其他情形。

证券公司认为投资者行为与洗钱、恐怖融资等犯罪活动相关的，应当按照规定及时报告反洗钱主管部门。

第二十三条 投资者开展证券交易，应当遵守法律法规、中国证监会、证券交易场所的规定，不得进行违规交易，并主动避免异常交易。

证券公司应当建立健全投资者管理制度，建立技术系统监控投资者的交易行为、交易终端信息等情况。证券公司应当按照证券交易场所的规定加强异常交易监测，做好投资者交易行为管理。

第二十四条 证券公司发现异常交易线索的，应当核实并留存证据，按照规定及时向证券交易场所报告。证券交易场所要求协助开展异常交易管理工作的，证券公司应当积极配合。

第二十五条 证券公司应当持续跟踪了解投资者相关账户的使用情况，履行账户使用实名制、适当性管理、资金监控、异常交易管理等职责，建立监测、核查机制，核实投资者账户使用是否实名、适当性是否匹配、资金划转与交易行为是否正常。

证券公司发现投资者存在非实名使用账户、不适合继续参与相关交易、资金使用与交易行为异常等情况的,或者拒绝配合证券公司工作的,应当及时采取相应的管理措施,必要时根据相关规定及证券交易委托代理协议的约定限制、暂停、终止提供证券交易服务,并按照规定履行报告义务。

第二十六条　证券公司应当根据投资者委托管理投资者证券和资金,按照有关规定托管投资者证券,选择符合要求的商业银行存管投资者资金。

证券公司应当将投资者的证券和资金与自有财产分别管理,并采取措施保障投资者证券和资金的安全、完整。证券公司及其从业人员不得有下列行为:

(一)将投资者的证券和资金归入自有财产、擅自划出投资者账户;

(二)违规将投资者的证券和资金冻结、提供给他人使用或者为他人提供担保;

(三)违规为投资者与投资者之间、投资者与他人之间的融资提供中介、担保或者其他便利和服务;

(四)其他损害投资者证券和资金安全的行为。

中国结算、投保基金公司根据中国证监会的规定监控投资者证券和资金安全保管情况。

第二十七条　证券公司接受投资者委托,根据与中国结算的清算交收结果等信息,办理与投资者之间资金、证券的交收。

第二十八条　证券公司应当将交易佣金与印花税等其他相关税费分开列示,并告知投资者。证券公司应当在公司网站、营业场所、客户端同时公示证券交易佣金收取标准,并按公示标准收取佣金。

证券公司向投资者收取证券交易佣金,不得有下列行为:

(一)收取的佣金明显低于证券经纪业务服务成本;

(二)使用“零佣”、“免费”等用语进行宣传;

（三）反不正当竞争法和反垄断法规定的其他禁止行为。

第二十九条 投资者向证券公司提出转户、销户的，证券公司应当在投资者提出申请并完成其账户交易结算后的两个交易日内办理完毕。证券公司应当为投资者转户、销户提供便利，不得违反规定限制投资者转户、销户。

第三十条 证券公司应当妥善保管投资者身份资料、证券交易、财产状况等信息，采取有效措施保证投资者信息安全。证券公司及其从业人员不得有以下行为：

（一）违规查询、复制、保存投资者信息；

（二）超出正常业务范围使用投资者信息；

（三）利用投资者信息牟取不正当利益；

（四）违规泄露投资者信息；

（五）以出售或者其他方式将投资者信息非法提供给他人；

（六）其他有损投资者信息安全的行为。

证券公司应当按照协议约定向投资者提供对账单，保证投资者在证券公司营业时间和约定的其他时间内能够查询其委托记录、交易记录、资金和证券余额等信息。

第三十一条 证券公司应当建立健全投资者回访制度，持续了解投资者状况，及时发现并纠正不规范行为。证券公司应当为回访提供充分的人力与物质保障，保证必要的回访比例。证券公司可以委托第三方专业机构实施回访，但法律责任仍由证券公司承担。证券公司回访应当符合以下要求：

（一）对新开户的投资者，在开通相应交易权限前完成回访，对新增相关交易权限的投资者，在开通相应交易权限后三十日内完成回访；

（二）对账户使用、资金划转、证券交易等存在异常情形的投资者，在两个交易日内进行回访；

（三）对其他投资者，每年回访比例不得低于上年末客户总数（不含休眠账户及中止交易账户客户）的一定比例，具体比例由中国证券业协会规定。

回访内容包括但不限于投资者身份识别、账户变动确认、证券公司从业人员是否违规操作投资者账户、是否向投资者充分揭示风险、是否存在全权委托等情况。

第三十二条 证券公司应当建立健全投诉处理制度,妥善处理投资者投诉和纠纷,并及时进行反馈。证券公司应当在公司网站、营业场所、客户端的显著位置公示投诉电话、传真和电子信箱等联系方式。

第三章 内部控制

第三十三条 证券公司应当按照健全、合理、制衡、独立的原则,持续提升证券经纪业务内部控制水平,加强重点领域、关键环节的集中统一管理,并对外公示营业场所、业务范围、人员资质、产品服务以及投资者资金收付渠道等信息。

证券公司应当建立健全隔离墙制度,确保证券经纪业务与证券承销与保荐、非上市公众公司推荐挂牌、证券自营和证券资产管理等业务分开操作、分开办理。

第三十四条 证券公司应当建立层级清晰、管控有效的组织体系,对开展证券经纪业务的分公司、营业部(以下统称“分支机构”)实施集中统一管理,加强分支机构风险管控。

证券公司设立分支机构的数量、管理层级应当与公司内部控制水平相匹配。账户交易权限管理、资产转移等涉及投资者重要权益的事项应当由公司实施授权管理,分支机构根据公司授权具体办理。

第三十五条 证券公司从事证券经纪业务的人员,应当遵纪守法、诚实守信、勤勉尽责,保守业务活动中知悉的商业秘密与个人隐私,自觉维护投资者合法权益、公司正当利益与市场正常秩序。

第三十六条　证券公司应当完善选聘管理机制，加强背景调查工作，聘用符合条件的人员开展业务或者担任分支机构负责人。

证券公司更换分支机构负责人，应当进行审计，并在审计结束后3个月内，将审计情况报送分支机构所在地中国证监会派出机构。

证券公司应当采取合规培训、年度考核、强制离岗、离任审计等措施，强化对分支机构负责人的管理。

第三十七条　证券公司应当建立健全证券经纪业务从业人员管理制度，明确相关岗位的专业技能要求和合规管理要求。

证券公司应当通过增加合规培训、明确执业权限、加强监测监控、强化检查问责等方式，防范证券经纪业务从业人员违规买卖股票、超越授权执业等违规行为。

证券经纪业务从业人员涉嫌违法违规的，证券公司应当及时向中国证监会派出机构、中国证券业协会报告。

第三十八条　证券公司应当建立健全科学合理的证券经纪业务从业人员绩效考核制度和薪酬分配机制。证券公司对证券经纪业务从业人员的绩效考核和薪酬分配，应当重点考量从业人员的执业行为合规性、服务适当性、投资者管理履职情况和投资者投诉情况等，不得简单与新开户数量、客户交易量直接挂钩。禁止证券公司以人员挂靠、业务包干等方式实施过度激励。

第三十九条　证券公司应当加强对证券经纪业务的合规管理和稽核审计，全面覆盖公司相关部门与分支机构，建立检查与问责机制，保障证券经纪业务规范、安全运营。

证券公司证券经纪业务部门、合规风险管控难度较大的分支机构应当配备专职合规管理人员；其他开展证券经纪业务的分支机构应当配备兼职合规管理人员。

证券公司应当定期开展证券经纪业务常规稽核审计，对证券经纪业务部门、分支机构分别规定常规稽核审计的频次，具体频次由中国证券业协会规定。

第四十条 证券公司应当按照独立、制衡的原则，明确证券经纪业务岗位设置和业务流程，确保营销、技术、合规风控、账户业务办理等岗位相分离，重要业务岗位应当实行双人负责制。

第四十一条 证券公司应当根据中国证监会相关规定，加强证券经纪业务信息系统管理，保障投资者信息安全和交易连续性，避免对证券交易场所、中国结算等单位的相关信息系统造成不当影响。

证券公司应当按规定并结合自身状况与业务发展需要，决定分支机构是否提供现场交易服务、是否部署与现场交易服务相关的信息系统。证券公司分支机构信息技术的具体要求由中国证券业协会制定。

第四十二条 证券公司应当在分支机构营业场所显著位置悬挂《经营证券期货业务许可证》，做到标识清晰，能够与其他机构、个人所属场所明显区别。

证券公司及其分支机构应当加强场所管理，防范他人利用所属场所及邻近场所，仿冒、假冒本公司或者分支机构名义从事违法违规行为。

第四章 监督管理

第四十三条 证券公司违反本办法的规定，依法采取出具警示函、责令改正、责令增加内部合规检查次数、责令定期报告、责令处分有关人员等行政监管措施；情节严重的，依照《证券法》第一百四十条的规定采取行政监管措施；对直接负责的高级管理人员和其他责任人员，依法采取出具警示函、责令改正、监管谈话等行政监管措施。

第四十四条 证券从业人员违反本办法规定的，依法采取出具警示函、责令改正、监管谈话等行政监管措施。

第四十五条 证券公司及其从业人员违反本办法规定，依法应予处罚的，按照相关法律法规的规定进行处罚。相关法律法规没有规定且存在以下情形之一的，给予警告，可以并处国务院规定的一定数额的罚款：

（一）业务管控存在重大缺陷；

（二）严重损害投资者合法权益；

（三）严重危及市场正常秩序；

（四）严重损害证券行业形象；

（五）造成恶劣社会影响。

第四十六条 境外证券经营机构违反《证券公司监督管理条例》第九十五条，直接或者通过其关联机构、合作机构，在境内开展境外证券交易服务的营销、开户等活动的，按照《证券法》第二百零二条的规定予以处罚。

第四十七条 证券公司及其从业人员违反本办法规定，涉嫌犯罪的，依法移送司法机关，追究刑事责任。

第五章 附 则

第四十八条 证券经纪人属于证券从业人员。证券经纪人应当遵守本办法关于证券从业人员的相关规定以及中国证监会关于证券经纪人管理的专门规定。

第四十九条 证券公司开展跨境证券经纪业务，中国证监会另有规定的从其规定。

第五十条 证券公司可以接受其他证券公司的委托代为执行投资者指令、办理相应的清算交收。具体办法由中国证监会另行制定。

第五十一条 在国务院批准的其他证券交易场所开展的证券经纪业务活动，参照适用本办法。

证券公司接受投资者委托，为其进行证券以外其他金融产品交易的，参照适用本办法。

第五十二条 中国证监会可以对商业银行存管证券公司投资者资金的规模、范围、业务模式等提出差异化监管要求。具体办法由中国证监会另行制定。

第五十三条 本办法自2023年2月28日起施行。《关于加强证券经纪业务管理的规定》(证监会公告〔2010〕11号)同时废止。

社会保险基金监督举报工作管理办法

(2023年1月17日人力资源和社会保障部令第49号公布
自2023年5月1日起施行 国司备字[2023008045])

第一章 总 则

第一条 为了规范社会保险基金监督举报管理工作,切实保障社会保险基金安全,根据《中华人民共和国社会保险法》和有关法律、行政法规,制定本办法。

第二条 人力资源社会保障行政部门开展社会保险基金监督举报的受理、办理等管理工作,适用本办法。

本办法所称社会保险基金是指基本养老保险基金、工伤保险基金、失业保险基金等人力资源社会保障部门管理的社会保险基金。

第三条 人力资源社会保障部主管全国社会保险基金监督举报管理工作。县级以上地方人力资源社会保障行政部门负责本行政区域内的社会保险基金监督举报管理工作。

人力资源社会保障行政部门负责社会保险基金监督的机构具体承担社会保险基金监督举报综合管理工作。人力资源社会保障部门负责社会保险政策、经办、信息化综合管理等的机构,依据职责协同做好社会保险基金监督举报管理工作。

第四条 人力资源社会保障行政部门要加强与公安、民政、司法行政、财政、卫生健康、人民银行、审计、税务等部门和人民法院、纪检监察等机关的协同配合，做好社会保险基金监督举报管理工作，共同保障社会保险基金安全。

第五条 社会保险基金监督举报管理工作应当坚持依法、公正、高效、便民的原则。

第二章 举报范围

第六条 本办法所称社会保险基金监督举报（以下简称举报），是指任何组织或者个人向人力资源社会保障行政部门反映机构、单位、个人涉嫌欺诈骗取、套取或者挪用贪占社会保险基金情形的行为。

依照本办法，举报涉嫌欺诈骗取、套取或者挪用贪占社会保险基金情形的任何组织或者个人是举报人；被举报的机构、单位、个人是被举报人。

第七条 参保单位、个人、中介机构涉嫌有下列情形之一的，任何组织或者个人可以依照本办法举报：

（一）以提供虚假证明材料等手段虚构社会保险参保条件、违规补缴的；

（二）伪造、变造有关证件、档案、材料，骗取社会保险基金的；

（三）组织或者协助他人以伪造、变造档案、材料等手段骗取参保补缴、提前退休资格或者违规申领社会保险待遇的；

（四）个人丧失社会保险待遇享受资格后，本人或者相关受益人不按规定履行告知义务、隐瞒事实违规享受社会保险待遇的；

（五）其他欺诈骗取、套取或者挪用贪占社会保险基金的情形。

第八条 社会保险服务机构及其工作人员涉嫌有下列情形之一的，任何组织或者个人可以依照本办法举报：

（一）工伤保险协议医疗机构、工伤康复协议机构、工伤保险辅助器具配置协议机构、工伤预防项目实施单位、职业伤害保障委托承办机构及其工作人员以伪造、变造或者提供虚假证明材料及相关报销票据、冒名顶替等手段骗取或者协助、配合他人骗取社会保险基金的；

（二）享受失业保险培训补贴的培训机构及其工作人员以伪造、变造、提供虚假培训记录等手段骗取或者协助、配合他人骗取社会保险基金的；

（三）其他欺诈骗取、套取或者挪用贪占社会保险基金的情形。

第九条　社会保险经办机构及其工作人员涉嫌有下列情形之一的，任何组织或者个人可以依照本办法举报：

（一）隐匿、转移、侵占、挪用、截留社会保险基金的；

（二）违规审核、审批社会保险申报材料，违规办理参保、补缴、关系转移、待遇核定、待遇资格认证等，违规发放社会保险待遇的；

（三）伪造或者篡改缴费记录、享受社会保险待遇记录等社会保险数据、个人权益记录的；

（四）其他欺诈骗取、套取或者挪用贪占社会保险基金的情形。

第十条　与社会保险基金收支、管理直接相关单位及其工作人员涉嫌有下列情形之一的，任何组织或者个人可以依照本办法举报：

（一）人力资源社会保障行政部门及其工作人员违规出具行政执法文书、违规进行工伤认定、违规办理提前退休，侵害社会保险基金的；

（二）劳动能力鉴定委员会及其工作人员违规进行劳动能力鉴定，侵害社会保险基金的；

（三）劳动人事争议仲裁机构及其工作人员违规出具仲裁文书，侵害社会保险基金的；

（四）信息化综合管理机构及其工作人员伪造或者篡改缴费记录、享受社会保险待遇记录等社会保险数据、个人权益记录的；

（五）其他欺诈骗取、套取或者挪用贪占社会保险基金的情形。

第十一条　依法应当通过劳动人事争议处理、劳动保障监察投诉、行政争议处理、劳动能力再次鉴定、信访等途径解决或者以举报形式进行咨询、政府信息公开申请等活动的,不适用本办法。人力资源社会保障行政部门应当告知举报人依法依规通过相关途径解决。

人力资源社会保障行政部门收到属于财政部门、社会保险费征收机构等部门、机构职责的举报事项,应当依法书面通知并移交有权处理的部门、机构处理。

第三章 接收和受理

第十二条 人力资源社会保障行政部门通过 12333 或者其他服务电话、传真、信函、网络、现场等渠道接收举报事项。

人力资源社会保障行政部门应当向社会公布接收举报事项的电话号码、传真号码、通信地址、邮政编码、网络举报途径、接待场所和时间等渠道信息,并在其举报接待场所或者网站公布与举报有关的法律、法规、规章,举报范围和受理、办理程序等有关事项。

第十三条 举报人举报应当提供被举报人的名称(姓名)和涉嫌欺诈骗取、套取或者挪用贪占社会保险基金的有效线索;尽可能提供被举报人地址(住所)、统一社会信用代码(公民身份号码)、法定代表人信息和其他相关佐证材料。

提倡举报人提供书面举报材料。

第十四条 举报人进行举报,应当遵守法律、法规、规章等规定,不得捏造、歪曲事实,不得诬告陷害他人。

第十五条 举报人可以实名举报或者匿名举报。提倡实名举报。

现场实名举报的,举报人应当提供居民身份证或者营业执照等有效证件的原件和真实有效的联系方式。

以电话、传真、来信、网络等形式实名举报的,举报人应当提供居民身份证或者营业执照等有效证件的复印件和真实有效的联系方式。

举报人未采取本条第二款、第三款的形式举报的，视为匿名举报。

第十六条 现场举报应当到人力资源社会保障行政部门设立的接待场所；多人现场提出相同举报事项的，应当推选代表，代表人数不超过5人。

第十七条 接收现场口头举报，应当准确记录举报事项，交举报人确认。经征得举报人同意后可以录音、录像。实名举报的，由举报人签名或者盖章；匿名举报的，应当记录在案。

接收电话举报，应当细心接听、询问清楚、准确记录，经告知举报人后可以录音。

接收传真、来信、网络等形式举报，应当保持举报材料的完整。

对内容不详的实名举报，应当及时联系举报人补充相关材料。

第十八条 人力资源社会保障行政部门应当加强举报事项接收转交管理工作。

第十九条 举报涉及重大问题或者紧急事项的，具体承担社会保险基金监督举报综合管理工作的机构应当立即向本部门负责人报告，并依法采取必要措施。

第二十条 举报按照“属地管理、分级负责，谁主管、谁负责”的原则确定管辖。

必要时，上级人力资源社会保障行政部门可以受理下级人力资源社会保障行政部门管辖的举报事项，也可以向下级人力资源社会保障行政部门交办、督办举报事项。

两个及两个以上同级人力资源社会保障行政部门都有管辖权限的，由最先受理的人力资源社会保障行政部门管辖。对管辖发生争议的，应当自发生争议之日起5个工作日内协商解决；协商不成的，报请共同的上一级人力资源社会保障行政部门，共同的上一级人力资源社会保障行政部门应当自收到之日起5个工作日内指定管辖。

第二十一条　人力资源社会保障行政部门接收到举报事项后,应当在5个工作日内进行审查,有下列情形之一的,不予受理:

(一)不符合本办法第七条、第八条、第九条或者第十条规定的;

(二)无法确定被举报人,或者不能提供欺诈骗取、套取或者挪用贪占社会保险基金行为有效线索的;

(三)对已经办结的同一举报事项再次举报,没有提供新的有效线索的。

对符合本办法第七条、第八条、第九条或者第十条的规定但本部门不具备管辖权限的举报事项,应当移送到有管辖权限的人力资源社会保障行政部门,并告知实名举报人移送去向。

除前两款规定外,举报事项自人力资源社会保障行政部门接收之日起即为受理。

第二十二条　人力资源社会保障行政部门应当自接收举报事项之日起10个工作日内,将受理(不予受理)决定通过纸质通知或者电子邮件、短信等形式告知有告知要求的实名举报人。

第四章　办　　理

第二十三条　受理举报事项后,人力资源社会保障行政部门办理举报事项以及作出行政处理、行政处罚决定的,应当按照《社会保险基金行政监督办法》等有关规定和本章的规定执行。

已经受理尚未办结的举报事项,再次举报的,可以合并办理;再次举报并提供新的有效线索的,办理期限自确定合并办理之日起重新计算。

第二十四条　人力资源社会保障行政部门在办理举报事项中涉及异地调查的,可以向当地人力资源社会保障行政部门提出协助请求。协助事项属于被请求部门职责范围内的,应当依法予以协助。

第二十五条 办理举报事项涉及其他部门职责的，人力资源社会保障行政部门可以会同相关部门共同办理。

第二十六条 下级人力资源社会保障行政部门对上级人力资源社会保障行政部门交办、移送的举报事项，应当按照规定时限或者上级人力资源社会保障行政部门督办要求办理，并书面报告调查处理意见、办理结果。

第二十七条 符合下列情形之一的，经人力资源社会保障行政部门批准，举报事项予以办结：

（一）经办理发现问题，依法作出行政处理、行政处罚决定的；依法应当由其他部门、机构处理，向有关部门、机构提出处理建议，或者移交有关部门、机构处理的；

（二）经办理未发现欺诈骗取、套取或者挪用贪占社会保险基金情形的；

（三）其他依法应当予以办结的情形。

人力资源社会保障行政部门应当自受理举报事项之日起 60 个工作日内办结举报事项；情况复杂的，经人力资源社会保障行政部门负责人批准，可以适当延长，但延长期限不得超过 30 个工作日。

第二十八条 符合下列情形之一的，经人力资源社会保障行政部门批准，可以中止对举报事项的办理：

（一）举报涉及法律、法规、规章或者政策适用问题，需要有权机关作出解释或者确认的；

（二）因被举报人或者有关人员下落不明等，无法继续办理的；

（三）因被举报的机构、单位终止，尚未确定权利义务承受人，无法继续办理的；

（四）因自然灾害等不可抗力原因，无法继续办理的；

（五）因案情重大、疑难复杂或者危害后果特别严重，确需提请上级主管部门研究决定的；

（六）其他依法应当中止办理的情形。

中止情形消除后，应当恢复对举报事项的办理。办理期限自中止情形消除之日起继续计算。

第二十九条 上级人力资源社会保障行政部门发现下级人力资源社会保障行政部门对举报事项的办理确有错误的，应当责成下级人力资源社会保障行政部门重新办理，必要时可以直接办理。

第三十条 实名举报人可以要求答复举报事项的办理结果，人力资源社会保障行政部门可以视具体情况采取口头或者书面形式答复实名举报人，答复不得泄露国家秘密、商业秘密和个人隐私。口头答复应当做好书面记录。

第五章 归档和报告

第三十一条 人力资源社会保障行政部门应当严格管理举报材料，逐件登记接收举报事项的举报人、被举报人、主要内容、受理和办理等基本情况。

第三十二条 举报材料的保管和整理，应当按照档案管理的有关规定执行。

省级人力资源社会保障行政部门应当完善举报信息系统，实行信息化管理。

第三十三条 县级以上地方人力资源社会保障行政部门应当建立社会保险基金监督举报管理年度报告制度。

省级人力资源社会保障行政部门应当于每年1月31日前，向人力资源社会保障部报告上一年度社会保险基金监督举报管理情况。

第六章 保障措施

第三十四条 举报人的合法权益依法受到保护。任何单位和个人不得以任何借口阻拦、压制或者打击报复举报人。

第三十五条 人力资源社会保障行政部门工作人员与举报事项、举报人、被举报人有直接利害关系或者其他关系，可能影响公正办理的，应当回避。

举报人有正当理由并且有证据证明人力资源社会保障行政部门工作人员应当回避的，可以提出回避申请，由人力资源社会保障行政部门决定。申请人力资源社会保障行政部门负责人回避的，由上级人力资源社会保障行政部门决定。

第三十六条 人力资源社会保障行政部门应当建立健全工作责任制，严格遵守以下保密规定：

（一）举报事项的接收、受理、登记及办理，应当依照国家有关法律、行政法规等规定严格保密，不得私自摘抄、复制、扣压、销毁举报材料；

（二）严禁泄露举报人的姓名、身份、单位、地址、联系方式等信息，严禁将举报情况透漏给被举报人或者与举报工作无关的人员；

（三）办理举报时不得出示举报信原件或者复印件，不得暴露举报人的有关信息，对匿名的举报书信及材料，除特殊情况外，不得鉴定笔迹；

（四）开展宣传报道，未经举报人书面同意，不得公开举报人的姓名、身份、单位、地址、联系方式等信息。

第三十七条 举报事项经查证属实，为社会保险基金挽回或者减少重大损失的，应当按照规定对实名举报人予以奖励。

第三十八条 人力资源社会保障行政部门应当配备专门人员，提供必要的办公条件等，保障举报管理工作顺利进行。

第七章 法律责任

第三十九条 受理、办理举报事项的工作人员及其负责人有下列情形之一的，由人力资源社会保障行政部门责令改正；造成严重后果的，依法依规予以处理：

（一）对于应当受理、办理的举报事项未及时受理、办理或者未在规定期限内办结举报事项的；

（二）将举报人的举报材料或者有关情况透漏给被举报人或者与举报工作无关的人员的；

（三）对涉及重大问题或者紧急事项的举报隐瞒、谎报、缓报，或者未依法及时采取必要措施的；

（四）未妥善保管举报材料，造成举报材料损毁或者丢失的；

（五）其他违法违规的情形。

第四十条　举报人捏造、歪曲事实，诬告陷害他人的，依法承担法律责任。

第八章　附　　则

第四十一条　本办法自2023年5月1日起施行。原劳动和社会保障部《社会保险基金监督举报工作管理办法》（劳动和社会保障部令第11号）同时废止。

生产建设项目水土保持方案管理办法

（2023年1月17日水利部令第53号公布　自2023年3月1日起施行　国司备字[2023008144]）

第一章　总　　则

第一条　为了规范和加强生产建设项目水土保持方案管理，预防和治理生产建设项目可能造成的水土流失，根据《中华人民共和国水土保持法》等法律法规，制定本办法。

第二条　生产建设项目水土保持方案编报和审批、方案实施、设施验收和监督检查，适用本办法。

第三条 水利部负责生产建设项目水土保持方案监督管理工作。

水利部所属流域管理机构(以下简称流域管理机构)根据法律、行政法规规定和水利部授权,负责所管辖范围内生产建设项目水土保持方案监督管理工作。

县级以上地方人民政府水行政主管部门负责本行政区域内生产建设项目水土保持方案监督管理工作。

第四条 生产建设单位是生产建设项目水土流失防治的责任主体,应当加强全过程水土保持管理,优化施工工艺和时序,提高水土资源利用效率,减少地表扰动和植被损坏,及时采取水土保持措施,有效控制可能造成的水土流失。

任何单位和个人都有保护水土资源、预防和治理水土流失的义务,并有权对破坏水土资源、造成水土流失的行为进行举报。

第二章 编报和审批

第五条 在山区、丘陵区、风沙区以及县级以上人民政府或者其授权的部门批准的水土保持规划确定的容易发生水土流失的其他区域开办可能造成水土流失的生产建设项目,生产建设单位应当编报水土保持方案。

本办法所称可能造成水土流失的生产建设项目,是指在生产建设过程中进行地表扰动、土石方挖填,并依法需要办理审批、核准、备案手续的项目。

第六条 水土保持方案由生产建设单位自行或者委托具备相应技术条件和能力的单位编制。

开展水土保持方案审批、技术评审、监督检查的部门和单位不得为生产建设单位推荐或者指定水土保持方案编制单位。

第七条 水土保持方案分为报告书和报告表。

征占地面积 5 公顷以上或者挖填土石方总量 5 万立方米以上

的生产建设项目，应当编制水土保持方案报告书。征占地面积0.5公顷以上、不足5公顷或者挖填土石方总量1000立方米以上、不足5万立方米的生产建设项目，应当编制水土保持方案报告表。

征占地面积不足0.5公顷并且挖填土石方总量不足1000立方米的生产建设项目，不需要编制水土保持方案，但应当按照水土保持有关技术标准做好水土流失防治工作。

第八条 水土保持方案应当包括水土流失预防和治理的范围、目标、措施和投资等内容。

水土保持方案报告书和报告表的具体内容和格式，由水利部规定。

第九条 生产建设单位应当在生产建设项目开工建设前完成水土保持方案编报并取得批准手续。生产建设单位未编制水土保持方案或者水土保持方案未经批准的，生产建设项目不得开工建设。

第十条 水土保持方案实行分级审批。

国务院或者国务院有关部门审批、核准、备案的生产建设项目，其水土保持方案由水利部审批。

县级以上地方人民政府及其有关部门审批、核准、备案的生产建设项目，其水土保持方案由同级人民政府水行政主管部门审批。

跨行政区域的生产建设项目，其水土保持方案由共同的上一级人民政府水行政主管部门审批。

第十一条 生产建设单位申请审批水土保持方案的，应当向有审批权的水行政主管部门提交申请，提供水土保持方案报告书或者水土保持方案报告表一式三份。

第十二条 水行政主管部门应当自收到全部申请材料之日起5个工作日内，依法作出受理或者不予受理的决定。

第十三条 水行政主管部门审批水土保持方案报告书，应当自受理申请之日起10个工作日内作出行政许可决定。10个工作日内不能作出决定的，经审批部门负责人批准，可以延长10个工作日，并将延长期限的理由告知申请人。

水行政主管部门可以组织技术评审机构对水土保持方案报告书进行技术评审。技术评审费用由审批部门承担并按照有关规定纳入部门预算。技术评审所需时间不计算在本条第一款规定的期限内，但不得超过30个工作日。

水利部作出生产建设项目水土保持方案报告书审批决定前，应当征求相关流域管理机构的意见。

对水土保持方案报告表，实行承诺制管理。申请人依法履行承诺手续，水行政主管部门在受理后即时办结。

第十四条　技术评审机构应当严格按照法律法规和技术标准开展技术评审，并对技术评审意见负责。

技术评审机构不得向生产建设单位、从事水土保持方案编制工作的单位收取任何费用。

第十五条　水土保持方案应当符合法律法规和技术标准的要求。

存在下列情形之一的，水行政主管部门应当作出不予行政许可的决定：

（一）水土流失防治目标、防治责任范围不合理的；

（二）弃土弃渣未开展综合利用调查或者综合利用方案不可行，取土场、弃渣场位置不明确、选址不合理的；

（三）表土资源保护利用措施不明确，水土保持措施配置不合理、体系不完整、等级标准不明确的；

（四）生产建设项目选址选线涉及水土流失重点预防区、重点治理区，但未按照水土保持标准、规范等要求优化建设方案、提高水土保持措施等级的；

（五）水土保持方案基础资料数据明显不实，内容存在重大缺陷、遗漏的；

（六）存在法律法规和技术标准规定不得通过水土保持方案审批的其他情形的。

第十六条 水土保持方案经批准后存在下列情形之一的，生产建设单位应当补充或者修改水土保持方案，报原审批部门审批：

（一）工程扰动新涉及水土流失重点预防区或者重点治理区的；

（二）水土流失防治责任范围或者开挖填筑土石方总量增加30%以上的；

（三）线型工程山区、丘陵区部分线路横向位移超过 300 米的长度累计达到该部分线路长度30%以上的；

（四）表土剥离量或者植物措施总面积减少 30%以上的；

（五）水土保持重要单位工程措施发生变化，可能导致水土保持功能显著降低或者丧失的。

因工程扰动范围减少，相应表土剥离和植物措施数量减少的，不需要补充或者修改水土保持方案。

第十七条 在水土保持方案确定的弃渣场以外新设弃渣场的，或者因弃渣量增加导致弃渣场等级提高的，生产建设单位应当开展弃渣减量化、资源化论证，并在弃渣前编制水土保持方案补充报告，报原审批部门审批。

第十八条 水土保持方案自批准之日起满 3 年，生产建设项目方开工建设的，其水土保持方案应当报原审批部门重新审核。原审批部门应当自收到生产建设项目水土保持方案之日起 10 个工作日内，将审核意见书面通知生产建设单位。

第三章 方案实施

第十九条 生产建设单位应当按照经批准的水土保持方案，采取水土流失预防和治理措施。

需要编制初步设计的生产建设项目，其初步设计应当包括水土保持篇章，明确水土流失防治措施、标准和水土保持投资，其施工图设计应当细化水土保持措施设计。

生产建设单位应当将水土保持工作任务和内容纳入施工合同,落实施工单位水土保持责任,在建设过程中同步实施水土保持方案提出的水土保持措施,保证水土保持措施的质量、实施进度和资金投入。

第二十条 对可能造成严重水土流失的大中型生产建设项目,生产建设单位应当组织对生产建设活动造成的水土流失进行监测,及时定量掌握水土流失及防治状况,科学评价防治成效,按照有关规定向水行政主管部门报送监测情况。

第二十一条 生产建设项目的水土保持监理,应当按照水利工程建设监理的规定和水土保持监理规范执行。

第四章 设施验收

第二十二条 生产建设项目投产使用前,生产建设单位应当按照水利部规定的标准和要求,开展水土保持设施自主验收,验收结果向社会公开并报审批水土保持方案的水行政主管部门备案。水行政主管部门应当出具备案回执。

其中,编制水土保持方案报告书的,生产建设单位组织第三方机构编制水土保持设施验收报告。承担生产建设项目水土保持方案技术评审、水土保持监测、水土保持监理工作的单位不得作为该生产建设项目水土保持设施验收报告编制的第三方机构。

第二十三条 水土保持设施未经验收或者验收不合格的,生产建设项目不得投产使用。

存在下列情形之一的,水土保持设施验收结论应当为不合格:

(一)未依法依规履行水土保持方案编报审批程序或者开展水土保持监测、监理的;

(二)弃土弃渣未堆放在经批准的水土保持方案确定的专门存放地的;

(三)水土保持措施体系、等级和标准或者水土流失防治指标未按照水土保持方案批复要求落实的；

（四）存在水土流失风险隐患的；

（五）水土保持设施验收材料明显不实、内容存在重大缺项、遗漏的；

（六）存在法律法规和技术标准规定不得通过水土保持设施验收的其他情形的。

第二十四条 生产建设项目水土保持设施验收合格后，生产建设单位或者运行管理单位应当依法防治生产运行过程中发生的水土流失，加强对水土保持设施的管理维护，确保水土保持设施长期发挥效益。

第五章 监督检查

第二十五条 县级以上人民政府水行政主管部门应当实行水土保持方案审批事项清单管理，依法公开审批范围、程序、结果，推进水土保持方案审批标准化、规范化、便利化，提高审批效率。

第二十六条 县级以上人民政府水行政主管部门、流域管理机构应当按照职责加强水土保持方案全链条全过程监管，充分运用卫星遥感、无人机、大数据、“互联网+监管”等手段，对生产建设项目水土保持方案实施、水土保持监测、水土保持监理、水土保持设施验收等情况进行监督检查，对发现的问题依法依规处理。

县级以上人民政府水行政主管部门、流域管理机构在监督检查中发现生产建设项目水土保持设施自主验收存在弄虚作假或者不满足验收标准和条件而通过验收的，视同为水土保持设施验收不合格。

县级以上人民政府水行政主管部门、流域管理机构应当建立监管信息共享、违法线索互联、案件通报移送等协同监管和联动执法制度，健全行政执法与刑事司法衔接、与检察公益诉讼协作机制，做好水土保持方案监管和监督检查工作。

第二十七条 县级以上人民政府水行政主管部门、流域管理机构应当依照有关规定加强对生产建设单位以及水土保持方案编制、技术评审、监测、监理、施工、验收等单位的信用监管；相关单位及其人员未按照规定开展工作或者在工作中弄虚作假、隐瞒问题、编造篡改数据的，依法纳入信用记录。

第二十八条 生产建设单位应当配合水行政主管部门和流域管理机构的监督检查，需要依法改正的，应当按照要求制定改正计划和措施，在规定期限内改正。

第六章 罚 则

第二十九条 县级以上人民政府水行政主管部门、流域管理机构及其工作人员在水土保持方案审批和监督检查中滥用职权、玩忽职守、徇私舞弊，构成犯罪的，依法追究刑事责任；尚不构成犯罪的，依法给予政务处分。

第三十条 违反本办法规定，生产建设单位有下列行为之一的，依照《中华人民共和国水土保持法》等法律法规的规定处罚：

（一）依法应当编制水土保持方案的生产建设项目，未编制水土保持方案或者编制的水土保持方案未经批准而开工建设的；

（二）生产建设项目的地点、规模发生重大变化，未补充、修改水土保持方案或者补充、修改的水土保持方案未经原审批机关批准的；

（三）水土保持方案实施过程中，未经原审批机关批准，对水土保持措施作出重大变更的；

（四）水土保持设施未经验收或者验收不合格，生产建设项目投产使用的；

（五）在水土保持方案确定的专门存放地以外的区域倾倒砂、石、土、矸石、尾矿、废渣等的；

（六）开办生产建设项目造成水土流失，不进行治理的。

第七章 附 则

第三十一条 县级以上地方人民政府确定的其他水土保持方案审批部门,按照本办法的规定行使水土保持方案审批职责。

第三十二条 开发区内生产建设项目水土保持方案管理的办法,由水利部另行制定。

第三十三条 省级人民政府水行政主管部门可以根据本办法制定具体规定,并报水利部备案。

第三十四条 本办法自 2023 年 3 月 1 日起施行。1995 年 5 月 30 日水利部发布的《开发建设项目水土保持方案编报审批管理规定》同时废止。

生态环境统计管理办法

(2023 年 1 月 18 日生态环境部令第 29 号公布 自公布之日起施行 国司备字[2023007988])

第一章 总 则

第一条 为加强和规范生态环境统计管理,保障生态环境统计资料真实性、准确性、完整性和及时性,发挥统计支撑生态环境工作重要作用,根据《中华人民共和国环境保护法》《中华人民共和国统计法》《中华人民共和国统计法实施条例》等有关法律法规,制定本办法。

第二条 生态环境统计基本任务是对生态环境状况和生态环境保护工作情况进行统计调查、统计分析,提供统计资料和统计咨询意见,实行统计监督。

生态环境统计内容包括生态环境质量、环境污染及其防治、生态保护、应对气候变化、核与辐射安全、生态环境管理及其他有关生态环境保护事项。

第三条 生态环境统计工作实行统一管理、分级负责的管理体制。

生态环境部在国家统计局业务指导下，对全国生态环境统计工作进行统一管理，制定生态环境统计规章制度、标准规范、工作计划，组织实施全国生态环境统计工作，汇总、管理和公布全国生态环境统计资料。

地方各级生态环境主管部门在上级生态环境主管部门和本级人民政府统计机构指导下，组织实施本行政区域生态环境统计工作。

第四条 各级生态环境主管部门应当根据生态环境统计任务和本地区、本部门生态环境管理需要，在下列方面加强对生态环境统计工作的领导和监督：

（一）将生态环境统计事业发展纳入生态环境工作计划，并组织实施；

（二）明确生态环境统计机构；

（三）安排并保障生态环境统计业务经费和人员；

（四）按时完成上级生态环境主管部门依法布置的统计任务，采取措施保障统计资料的真实性、准确性、完整性和及时性；

（五）开展生态环境统计科学研究，改进和完善生态环境统计调查制度和方法；

（六）防范和惩治生态环境统计造假、弄虚作假；

（七）落实生态环境统计改革任务；

（八）建立生态环境统计工作奖惩制度。

第五条 国家机关、企业事业单位、其他生产经营者和个人等生态环境统计调查对象，应当依照有关法律、法规和本办法的规定，真实、准确、完整、及时地提供生态环境统计调查所需的资料，不得提供不真实或者不完整的统计资料，不得迟报、拒报统计资料。

第二章　机构和职责

第六条　各级生态环境主管部门应当根据统计任务需要，明确承担统一组织协调生态环境统计工作职责的综合机构（以下简称生态环境统计综合机构）及其人员。

第七条　各级生态环境统计综合机构的职责是：

（一）制定生态环境统计工作规章制度和工作计划，并组织实施；

（二）建立健全生态环境统计指标体系，归口管理、按照规定申报生态环境统计调查项目；

（三）开展生态环境统计分析和预测；

（四）实行生态环境统计质量控制和监督，采取措施保障统计资料的真实性、准确性、完整性和及时性；

（五）收集、汇总和审核生态环境统计资料，建立和管理生态环境统计数据库，支撑相关生态环境管理工作，按照规定提供对外公布所需的生态环境统计资料，审核对外共享的生态环境统计调查项目范围内的资料；

（六）按照规定向上级生态环境主管部门和本级人民政府统计机构报送生态环境统计资料；

（七）指导下级生态环境主管部门和统计调查对象的生态环境统计工作，组织业务培训；

（八）开展生态环境统计科研和生态环境统计业务的交流与合作；

（九）承担生态环境统计的保密工作。

第八条　各级生态环境主管部门承担相关生态环境统计调查任务的职能机构负责其业务范围内的统计工作，其职责是：

（一）编制业务范围内的生态环境统计调查制度，提交同级生态环境统计综合机构审核并按照规定配合完成生态环境统计调查项目申报工作，经批准或者备案后组织实施；

（二）收集、汇总、审核其业务范围内的生态环境统计资料，并按照统计调查制度要求，报送上级生态环境主管部门和同级生态环境统计综合机构；

（三）落实生态环境统计数据质量控制要求，保障统计数据质量；

（四）开展生态环境统计分析，对相关业务工作提出建议；

（五）承担相关生态环境统计的保密工作。

第九条 作为生态环境统计调查对象的国家机关、企业事业单位、其他生产经营者应当依法履行下列生态环境统计义务：

（一）按照国家有关规定设置生态环境统计原始记录、统计台账，建立健全统计资料的审核、签署、交接、归档等管理制度；

（二）按照规定报送和提供生态环境统计资料，管理生态环境统计调查表和基本生态环境统计资料。

生态环境统计资料的审核、签署人员应当对其审核、签署的统计资料的真实性、准确性和完整性负责。

第十条 各级生态环境主管部门及其生态环境统计人员在生态环境统计工作中依法行使统计调查、统计报告、统计监督职权。

第十一条 生态环境统计人员应当具备相应的专业知识和业务能力。各级生态环境主管部门应当提高其统计人员专业素质，保障统计队伍稳定性。

各级生态环境主管部门应当加强专业培训和职业道德教育，定期对生态环境统计人员和统计调查对象相关工作人员开展培训。

第三章　统计调查项目

第十二条 生态环境统计调查项目分为综合性调查项目和专项调查项目，调查方法分为全面调查、重点调查、抽样调查等，调查周期包括年度、半年度、季度、月度等。

第十三条 生态环境部执行相关法律、行政法规、国务院的决定和履行本部门职责,需要开展统计活动的,应当制定相应的部门统计调查项目。

生态环境部制定的统计调查项目,统计调查对象属于生态环境部管辖系统或者利用行政记录加工获取统计资料的,报国家统计局备案;统计调查对象超出生态环境部管辖系统的,报国家统计局审批。

第十四条 地方各级生态环境主管部门制定的统计调查项目,报本级人民政府统计机构审批,其主要内容不得与生态环境部制定的统计调查项目内容重复、矛盾。

第十五条 制定生态环境统计调查项目应当遵循以下原则:

(一)制定新的生态环境统计调查项目,应当就项目必要性、可行性、科学性进行论证,征求有关地方、部门、统计调查对象和专家的意见,并按照会议制度集体讨论决定,重要统计调查项目应当进行试点;

(二)可以通过行政记录和大数据加工整理获得统计资料的,不再重复开展统计调查;可以通过已经批准实施的各种统计调查整理获得统计资料的,不再重复开展统计调查;

(三)统计调查应当尽量减少调查频率,缩小调查规模,降低调查成本,减轻基层统计人员和统计调查对象负担。抽样调查、重点调查可以满足需要的,不得开展全面调查;一次性调查可以满足需要的,不得进行经常性调查;

(四)生态环境统计调查项目不得与国家统计调查项目的内容重复、矛盾。

第十六条 制定生态环境统计调查项目,应当同时制定该项目的统计调查制度。

生态环境统计调查制度应当对调查目的、内容、方法、对象、组织方式、调查表式、统计资料的报送和公布等作出规定。

变更统计调查制度的内容,应当报经原审批机关批准或者原备案机关备案。

第十七条 生态环境统计调查项目经批准或者备案后,应当在统计调查表的右上角标明表号、制定机关、批准文号或者备案文号、有效期限等标志。

对未标明前款规定的标志或者超过有效期限的统计调查表,生态环境统计调查对象有权拒绝填报。

第十八条 生态环境统计调查表中的指标必须有确定的涵义、数据采集来源和计算方法。

生态环境部制定全国性生态环境统计调查表,并对其指标的涵义、数据采集来源、计算方法等作出统一说明。

第十九条 在生态环境统计调查中,排放源排放量按照监测数据法、产排污系数/排放因子法、物料衡算法等方法进行核算。

排污许可证执行报告中报告的污染物排放量可以作为生态环境统计的依据。

生态环境部组织制定统一的排放源产排污系数,按照规定程序发布,并适时评估修订。

第四章 统计调查的组织实施

第二十条 各级生态环境主管部门应当严格按照批准或者备案的生态环境统计调查制度组织实施生态环境统计调查。

第二十一条 各级生态环境主管部门应当建立健全生态环境统计工作流程规范和数据质量控制制度,严格实施数据采集、核算、汇总、审核、分析等环节的全流程质量控制。

第二十二条 各级生态环境主管部门应当建立生态环境统计调查对象名录库,并实施动态管理。

第二十三条 各级生态环境主管部门组织实施生态环境统计调查,应当就生态环境统计调查对象的法定填报义务、主要指标涵义和有关填报要求等，向统计调查对象作出说明。

第二十四条 国家机关、企业事业单位、其他生产经营者作为生态环境统计调查对象提供统计资料，应当由填报人员和单位负责人签字，并加盖公章。个人作为生态环境统计调查对象提供统计资料，应当由本人签字。统计调查制度规定不需要签字、加盖公章的除外。

统计调查对象使用网络提供统计资料的，按照国家有关规定执行。

第二十五条 各级生态环境主管部门应当严格落实统计数据审核要求，采取资料核查、现场核查以及其他有效方式，对统计调查对象提供的统计资料进行审核。统计资料不完整或者存在明显错误的，由统计调查对象依法予以补充或者改正。

第二十六条 各级生态环境主管部门及其统计人员应当对其负责搜集、审核、录入的统计资料与统计调查对象报送的统计资料的一致性负责，不得伪造、篡改统计资料，不得要求统计调查对象或者其他机构、人员提供不真实的统计资料。

第二十七条 各级生态环境主管部门应当加强统计信息化建设，将生态环境统计信息化建设列入发展计划，积极推动现代信息技术的应用，完善生态环境统计信息系统，推进统计信息搜集、处理、传输、共享、存储技术和统计数据库现代化。

第二十八条 各级生态环境主管部门应当推动使用行政记录、大数据等手段搜集整理统计资料，充分运用先进技术方法，提高生态环境统计信息挖掘、处理和分析能力，提供多样化统计产品，提升统计分析应用水平。

第二十九条 各级生态环境主管部门可以根据需要通过向社会购买服务等方式组织实施统计调查和资料开发。

第五章 统计资料的管理和公布

第三十条 生态环境统计资料是制定生态环境政策、规划、计划，开展生态环境考核、履约等工作的基本依据。

第三十一条 各级生态环境主管部门应当按照国家有关规定建立统计资料的保存、管理制度，建立健全信息共享机制，推进生态环境统计资料共享和应用。

第三十二条 各级生态环境主管部门应当按照国家有关规定和已批准或者备案的生态环境统计调查制度，公布生态环境统计资料，并按照要求提供给本级人民政府统计机构。

第三十三条 各级生态环境主管部门的相关职能机构应当在规定期限内，将其组织实施统计调查所获得的生态环境统计资料，报送同级生态环境统计综合机构。

第三十四条 生态环境统计资料应当纳入生态环境统计年报或者以其他形式统一公布。

任何单位和个人不得违反规定公布生态环境统计资料，公布前不得违反规定对外提供。

第三十五条 各级生态环境主管部门制定生态环境政策、中长期规划和年度计划，开展考核、履约等工作，需要使用生态环境统计资料的，应当以生态环境统计综合机构提供的资料为准。

第三十六条 各级生态环境主管部门应当执行国家有关统计资料保密管理的规定，加强对生态环境统计资料的保密管理。

第三十七条 各级生态环境主管部门应当严格执行国家有关网络安全法律法规要求，建立健全网络安全保护制度，加强生态环境统计信息系统及数据库的安全建设和运维管理。

第三十八条 各级生态环境主管部门和国家机关、企业事业单位、其他生产经营者等生态环境统计调查对象应当建立生态环境统计资料档案。

生态环境统计资料档案的保管、调用和移交，应当遵守国家有关统计资料管理和档案管理的规定。

第三十九条 生态环境统计调查中获得的能够识别或者推断单个统计调查对象身份的资料应当依法严格管理，除作为统计执法依据外,不得直接作为对统计调查对象实施行政许可、行政处罚等具体行政行为的依据,不得用于完成统计任务以外的目的。

第六章　监 督 检 查

第四十条　各级生态环境主管部门应当建立健全防范和惩治生态环境统计造假、弄虚作假责任体系,明确领导班子、相关负责人以及生态环境统计人员的责任。

第四十一条　各级生态环境主管部门应当建立监督检查工作机制和相关制度,组织开展生态环境统计监督检查工作。

监督检查事项包括:

(一)生态环境主管部门遵守、执行生态环境统计法律法规规章情况;

(二)生态环境主管部门建立防范和惩治生态环境统计造假、弄虚作假责任制情况;

(三)生态环境统计调查对象遵守生态环境统计法律法规规章、统计调查制度情况;

(四)法律法规规章规定的其他事项。

第四十二条　生态环境统计调查对象应当配合生态环境主管部门的监督检查工作。

任何单位和个人不得拒绝、阻碍对生态环境统计工作的监督检查。

第四十三条　各级生态环境主管部门应当积极协助本级人民政府统计机构查处生态环境统计违法行为,及时移送有关统计违法案件材料。

第七章　奖励与惩罚

第四十四条　各级生态环境主管部门应当对在改革和完善生

态环境统计调查制度、统计调查方法，组织实施统计调查任务，进行生态环境统计分析、预测和监督，开展生态环境统计科学研究等方面做出重要贡献的机构或者个人，给予表扬或者奖励。

第四十五条 生态环境部定期对全国生态环境统计工作进行评估，按照规定对成绩突出的单位和个人进行表彰或者表扬。

第四十六条 生态环境主管部门有下列行为之一的，依照《中华人民共和国统计法》《中华人民共和国统计法实施条例》予以处罚；对直接负责的主管人员和其他直接责任人员，依法予以处分：

（一）未经批准擅自组织实施生态环境统计调查的；

（二）未经批准擅自变更生态环境统计调查制度内容的；

（三）未执行批准或者备案的生态环境统计调查制度的；

（四）拒报、迟报或者伪造、篡改生态环境统计资料的；

（五）要求生态环境统计调查对象或者其他机构、人员提供不真实的生态环境统计资料的；

（六）违法公布生态环境统计资料的；

（七）泄露生态环境统计调查对象的商业秘密、个人信息或者提供、泄露在生态环境统计调查中获得的能够识别或者推断单个生态环境统计调查对象身份的资料的；

（八）其他违反法律法规规定的行为。

第四十七条 生态环境统计调查对象有下列行为之一的，依照《中华人民共和国统计法》《中华人民共和国统计法实施条例》予以处罚；国家机关、企业事业单位或者其他生产经营者作为生态环境统计调查对象，其直接负责的主管人员和其他直接责任人员属于国家工作人员的，依法予以处分：

（一）拒绝提供生态环境统计资料或者经催报后仍未按时提供生态环境统计资料的；

（二）提供不真实或者不完整的生态环境统计资料的；

（三）拒绝、阻碍生态环境统计调查、监督检查的；

（四）转移、隐匿、篡改、毁弃或者拒绝提供原始记录和凭证、统计台账、统计调查表及其他相关证明和资料的；

（五）其他违反法律法规规定的行为。

第八章　附　　则

第四十八条　全国污染源普查依照《全国污染源普查条例》规定组织实施。

第四十九条　本办法自公布之日起施行。《环境统计管理办法》（国家环保总局令第37号）同时废止。

长江流域控制性水工程联合调度管理办法（试行）

（2023年1月19日水利部令第54号公布　自2023年3月1日起施行　国司备字［2023008145］）

第一章　总　　则

第一条　为了加强长江流域控制性水工程联合调度管理，发挥控制性水工程在流域水旱灾害防御、水资源利用、水生态保护中的重要作用，根据《中华人民共和国水法》《中华人民共和国防洪法》《中华人民共和国长江保护法》等法律法规，制定本办法。

第二条　长江流域控制性水工程联合调度的组织、协调、实施和监督，适用本办法。

本办法所称控制性水工程，是指位于长江干支流和湖泊，在流域水旱灾害防御、水资源利用和水生态保护等方面具有关键作用和较大影响的水库（含水电站、航电枢纽）、蓄滞洪区、泵站、水闸、引调水工程等。

控制性水工程名录由长江水利委员会商有关部门、单位提出，报水利部批准。

第三条 控制性水工程联合调度应当坚持安全第一、统筹兼顾,兴利与除害相结合,遵循电调(航调)服从水调、区域服从流域、局部服从全局的原则,处理好上下游、左右岸、干支流、单个工程调度与多工程联合调度的关系,实现多目标协同。

第四条 控制性水工程联合调度实行统一调度、分级管理、分级负责。

水利部负责控制性水工程联合调度的指导协调、组织实施和监督管理。

长江水利委员会根据法律、行政法规规定和水利部授权,负责管辖范围内控制性水工程联合调度的组织实施和监督管理。

长江流域有关县级以上地方人民政府水行政主管部门按照管理权限,负责本行政区域内控制性水工程联合调度的组织实施和监督管理。

第五条 控制性水工程运行管理单位应当将联合调度要求纳入水工程运行调度规程,并负责具体执行。

第六条 长江水利委员会应当加强数字孪生长江建设,组织长江流域有关省级人民政府水行政主管部门和控制性水工程运行管理单位等,建设具有预报、预警、预演、预案功能的控制性水工程联合调度信息平台,提高联合调度的数字化、网络化、智能化水平。

鼓励控制性水工程运行管理单位建设数字孪生工程,接入控制性水工程联合调度信息平台,实现雨情、水情、咸情、工情、调度情况等实时传输和共享。

第七条 长江水利委员会应当加强江湖关系、流量泥沙测验、咸情监测、河势演变、水文气象预报、水旱灾害防御、洪水资源化利用、生态流量(水位)、多目标联合调度等方面的关键科技问题研究,推广应用先进适用技术,提升控制性水工程联合调度的科技创新支撑能力。

第二章　联合调度运用计划

第八条　实施控制性水工程联合调度，应当制定联合调度运用计划。

联合调度运用计划由长江水利委员会组织长江流域有关省级人民政府水行政主管部门编制，征求相关部门、单位以及控制性水工程运行管理单位意见后，报水利部批准。

第九条　编制联合调度运用计划，应当统筹控制性水工程调度规程和运行状况，依据经批准的长江防御洪水方案、长江洪水调度方案、水量分配方案、水资源调度方案、用水总量控制指标、生态流量（水位）控制指标、应急水量调度预案等，与跨流域引调水工程年度调度计划相协调。

第十条　联合调度运用计划主要包括以下内容：

（一）纳入联合调度的控制性水工程名录；

（二）防洪、水资源、生态等调度的原则、目标和调度方案；

（三）水库、河道湖泊、蓄滞洪区、泵站、水闸、引调水工程等的调度方式和调度管理权限；

（四）监测计量、信息报送和共享要求等。

第十一条　经批准的联合调度运用计划是开展控制性水工程联合调度的基本依据，长江水利委员会、长江流域有关县级以上地方人民政府水行政主管部门、控制性水工程运行管理单位必须严格执行。

第十二条　控制性水工程运用条件等发生重大变化时，联合调度运用计划应当及时作出调整。

遇到特殊情况不能按照联合调度运用计划实施调度时，由地方负责调度的，省级水行政主管部门应当及时提出调整方案，报长江水利委员会同意后实施；由长江水利委员会负责调度的，长江水利委员会应当及时提出调整方案，报水利部同意后实施；涉及水利部调度权限的，按照程序报批后实施。

第十三条 控制性水工程运行管理单位应当依据联合调度运用计划和水工程运行调度规程等，结合当年水工程运行状况和雨情、水情、咸情等情况，编制水工程年度调度方案。

控制性水工程存在病险的，运行管理单位应当对水工程汛期调度运用制定针对性的年度汛期调度方案。

第三章 防洪调度

第十四条 长江流域防洪调度应当坚持蓄泄兼筹、以泄为主，在确保水工程安全前提下，通过河道湖泊泄水、水库群拦蓄、蓄滞洪区运用、泵站和水闸控制运用等措施，实现流域防洪目标，提高整体防洪效益，兼顾水资源综合利用要求。

第十五条 水库的防洪调度按照以下分级管理权限实施：

（一）三峡水库、丹江口水库由水利部、长江水利委员会按照相关调度规程实施调度，其中遭遇超标准洪水和重大突发事件时，由水利部提出调度运用方案，按照程序报送批准后执行；

（二）水库承担长江干流联合防洪任务，或者水库防洪影响范围、承担的防洪任务跨省级行政区的，由长江水利委员会负责调度并报水利部备案，或者由长江水利委员会提出调度运用方案，按照程序报送批准后执行；

（三）陆水水库由长江水利委员会负责调度；

（四）水库防洪影响范围和承担的防洪任务不跨省级行政区域的，由所在省级人民政府水行政主管部门按照调度管理权限负责组织调度并报长江水利委员会备案，或者由省级人民政府水行政主管部门提出调度运用方案，按照程序报送批准后执行。

汛期水库水位不高于防洪限制水位、不需要实施防洪调度的，由水库运行管理单位负责调度。

第十六条 蓄滞洪区的防洪运用按照以下分级管理权限实施：

（一）荆江分洪区的运用，由水利部提出调度运用方案，按照程序报送批准后执行；

（二）其他蓄滞洪区的运用，由长江水利委员会商蓄滞洪区所在地省级人民政府决定，并报水利部备案，或者由长江水利委员提出调度运用方案，按照程序报送批准后执行。

蓄滞洪区启用前，有关地方人民政府应当依法及时组织人员安全转移。

第十七条 泵站、水闸的防洪调度按照以下分级管理权限实施：

（一）长江中下游发生大洪水需要控制运用时，由长江水利委员会统一调度；

（二）其他情形由有关县级以上地方人民政府水行政主管部门按照管理权限负责调度。

第十八条 水利部、长江水利委员会、长江流域有关县级以上地方人民政府水行政主管部门依据经批准的洪水调度方案、联合调度运用计划以及水工程调度规程等，充分考虑流域防洪形势和汛情发展，按照调度权限实施防洪调度，组织制订实时调度方案，经调度会商后，作出调度决定，下达防洪调度指令。

防洪调度指令应当以书面形式下达；紧急情况下，可以通过电话等方式下达，并及时补发书面调度指令。防洪调度指令应当抄送调度影响范围内的有关部门和单位。

省级人民政府水行政主管部门下达的防洪调度指令，应当报水利部、长江水利委员会备案。

第十九条 控制性水工程运行管理单位应当严格执行防洪调度指令，按照规定的时间节点和要求进行调度操作，做好调度记录，并及时向下达防洪调度指令的部门反馈执行情况。

特殊情况不能按照联合调度运用计划和防洪调度指令进行调度的，控制性水工程运行管理单位应当向有调度管理权限的部门提出报告，经批准后实施。遇到紧急水情工情并危及水工程安全的，控制性水工程运行管理单位可以根据相关预案，先行采取应急调度措施，并及时向有调度管理权限的部门报告。

第四章　水资源调度和生态调度

第二十条　长江流域控制性水工程实施水资源调度，应当依据经批准的联合调度运用计划、河流年度水量调度计划以及水工程调度规程等，优先满足城乡居民生活用水，保障基本生态用水，统筹农业、工业用水以及航运等需要，发挥水资源综合效益。

需要转入防洪调度的，按照防洪调度的规定执行。

第二十一条　长江水利委员会、长江流域有关省级人民政府水行政主管部门在调度管理权限内负责水量调度方案、年度水量调度计划的组织实施。

调度影响范围不跨省级行政区域的，由所在省级人民政府水行政主管部门组织实施，报长江水利委员会备案；调度影响范围跨省级行政区域，或者对流域供水、灌溉、生态、发电、航运用水影响较大的，由长江水利委员会组织实施。

流域供水、灌溉、生态、发电、航运等对控制性水库和引调水工程的调度运用无特殊要求时，由控制性水工程运行管理单位按照调度规程和调度方案等负责调度。

第二十二条　水库水位汛前消落，应当与长江中下游防洪相协调，由水库运行管理单位按照联合调度运用计划明确的运行控制水位、时间节点等实施。消落进度不能满足联合调度运用计划要求时，长江水利委员会或者省级人民政府水行政主管部门可以依据调度管理权限向水库运行管理单位直接下达调度指令。

第二十三条　水库蓄水和供水调度由水库运行管理单位按照联合调度运用计划、年度水量调度计划等实施，满足控制断面最小下泄流量或者水量要求，保障生活、生态、生产用水安全。

汛末需要提前蓄水的，水库运行管理单位应当根据工程运行状况、雨情、水情、汛情、咸情以及相关行业用水需求，在确保水库安全和防洪安全前提下，编制水库提前蓄水计划，按照调度管理权限报水利部、长江水利委员会或者省级水行政主管部门批准后实施。

控制断面最小下泄流量或者水量达不到要求时，长江水利委员会、省级人民政府水行政主管部门可以依据调度管理权限向水库运行管理单位直接下达调度指令。

第二十四条 引调水工程的水量调度应当统筹调出区域和调入区域用水需求，合理配置水资源，并按照经批准的引调水工程年度水量调度计划实施。

长江水利委员会、省级人民政府水行政主管部门依据相关法律法规规定和水利部授权，按照调度管理权限负责引调水工程水量调度的组织实施。

第二十五条 发生干旱灾害，长江水利委员会、省级人民政府水行政主管部门应当依据经批准的应急水量调度预案，统筹流域或者所辖区域内的水库、湖泊等所蓄水量，开展抗旱减灾供水调度，保障生活、生产、生态等用水需求。

第二十六条 当发生水污染事故、水工程事故、水上安全事故、咸潮入侵等突发事件，可能造成供水危机、危害公共安全时，长江水利委员会或者省级人民政府水行政主管部门应当按照有关规定和管理权限及时启动联合应急水量调度。

开展联合应急水量调度前，应当向有关部门和单位通报，做好协调工作，并按照有关规定及时向社会通报。

第二十七条 长江水利委员会负责组织跨省河流生态流量保障和重要湖泊生态水位保障的生态调度。省级人民政府水行政主管部门负责管辖范围内河流生态流量保障和湖泊生态水位保障的生态调度。

长江水利委员会可以根据需要组织开展以促进鱼类繁殖、缓解下泄水流滞温效应、抑制水华等为目标的生态调度。

控制性水工程运行管理单位应当将生态调度纳入水工程运行调度规程，保证河流生态流量和湖泊生态水位。

第二十八条　长江水利委员会、长江流域有关县级以上地方人民政府水行政主管部门下达调度指令时，应当抄送调度影响范围内的有关部门和单位。

控制性水工程运行管理单位应当严格执行调度指令，按照规定的时间节点和要求进行调度操作，做好调度记录，并及时向下达调度指令的部门反馈执行情况；遇到紧急水情工情并危及水工程安全的，可以根据相关预案，先行采取应急调度措施，并及时向有调度管理权限的部门报告。

第五章　保障与监督

第二十九条　长江水利委员会、长江流域有关县级以上地方人民政府水行政主管部门、控制性水工程运行管理单位应当采取多种措施，完善监测体系，提升水文气象预报水平和控制性水工程联合调度数字化、网络化、智能化决策能力。

第三十条　长江水利委员会、长江流域有关省级人民政府水行政主管部门负责控制性水工程联合调度信息报送与信息共享的组织、协调、指导和监督工作。

控制性水工程运行管理单位应当按照规定向有调度管理权限的水行政主管部门和长江水利委员会报送工程运行和调度执行情况。

第三十一条　水利部、长江水利委员会、长江流域有关县级以上地方人民政府水行政主管部门应当按照调度管理权限加强对控制性水工程联合调度执行情况的监督检查，对发现的问题提出整改要求并督促落实。监督检查主要包括：

（一）调度指令下达情况；

（二）联合调度运用计划和调度指令执行情况；

（三）调度相关信息发布和报送情况；

（四）调度信息记录和反馈情况；

（五）涉及控制性水工程联合调度的其他事项。

第三十二条 长江水利委员会应当组织长江流域有关省级人民政府水行政主管部门以及控制性水工程运行管理单位对联合调度工作进行定期总结与评估。

第六章 附 则

第三十三条 本办法自2023年3月1日起施行。

行政单位财务规则

（2023年1月28日财政部令第113号公布 自2023年3月1日起施行 国司备字［2023008172］）

第一章 总 则

第一条 为了规范行政单位的财务行为，加强行政单位财务管理和监督，提高资金使用效益，保障行政单位工作任务的完成，制定本规则。

第二条 本规则适用于各级各类国家机关、政党组织（以下统称行政单位）的财务活动。

第三条 行政单位财务管理的基本原则是：艰苦奋斗，厉行节约；量入为出，保障重点；从严从简，勤俭办一切事业；制止奢侈浪费，降低行政成本，注重资金使用效益。

第四条 行政单位财务管理的主要任务是：

（一）科学、合理编制预算，严格预算执行，完整、准确、及时编制决算；

（二）建立健全财务制度，实施内部控制管理，加强对行政单位财务活动的控制和监督；

（三）全面实施绩效管理，提高资金使用效益；

（四）加强资产管理，合理配置、有效利用、规范处置资产，防止国有资产流失；

（五）按照规定编制决算报告和财务报告，真实反映单位预算执行情况、财务状况和运行情况；

（六）对行政单位所属并归口行政财务管理的单位的财务活动实施指导、监督；

（七）加强对非独立核算的机关后勤服务部门的财务管理，实行内部核算办法。

第五条 行政单位的财务活动在单位负责人领导下，由单位财务部门统一管理。

行政单位应当实行独立核算，明确承担相关职责的机构，配备与履职相适应的财务、会计人员力量。不具备配备条件的，可以委托经批准从事代理记账业务的中介机构代理记账。

行政单位的各项经济业务事项应当按照国家统一的会计制度进行会计核算。

第二章 单位预算管理

第六条 行政单位预算由收入预算和支出预算组成。

第七条 按照预算管理权限，行政单位预算管理分为下列级次：

（一）向本级财政部门申报预算的行政单位，为一级预算单位；

（二）向一级预算单位申报预算并有下级预算单位的行政单位，为二级预算单位，依次类推；

（三）向上一级预算单位申报预算，且没有下级预算单位的行政单位，为基层预算单位。

一级预算单位有下级预算单位的，为主管预算单位。

第八条 各级预算单位应当按照预算管理级次申报预算，并按照批准的预算组织实施，定期将预算执行情况向上一级预算单位或者本级财政部门报告。

第九条 国家对行政单位实行收支统一管理、结转和结余按照规定使用的预算管理办法。

第十条 行政单位编制预算，应当综合考虑以下因素：

（一）年度工作计划和收支预测；

（二）以前年度预算执行情况；

（三）以前年度结转和结余情况；

（四）资产配置标准和存量资产情况；

（五）有关绩效结果；

（六）其他因素。

第十一条 行政单位预算依照下列程序编报和审批：

（一）行政单位测算、提出预算建议数，逐级汇总后报送本级财政部门；

（二）财政部门审核行政单位提出的预算建议数，下达预算控制数；

（三）行政单位根据预算控制数正式编制年度预算草案，逐级汇总后报送本级财政部门；

（四）经法定程序批准后，财政部门批复行政单位预算。

第十二条 行政单位应当严格执行预算，按照收支平衡的原则，合理安排各项资金，不得超预算安排支出。

预算在执行中应当严格控制调剂。确需调剂的，行政单位应当按照规定程序办理。

第十三条 行政单位应当按照规定编制决算草案，逐级审核汇总后报本级财政部门审批。

第十四条 行政单位应当加强决算审核和分析，规范决算管理工作，保证决算数据的完整、真实、准确。

第十五条 行政单位应当全面实施预算绩效管理，加强绩效结果应用，提高资金使用效益。

第三章 收入管理

第十六条 收入是指行政单位依法取得的非偿还性资金，包括财政拨款收入和其他收入。

财政拨款收入，是指行政单位从本级财政部门取得的预算资金。

其他收入，是指行政单位依法取得的除财政拨款收入以外的各项收入。

行政单位依法取得的应当上缴财政的罚没收入、行政事业性收费收入、政府性基金收入、国有资源（资产）有偿使用收入等，不属于行政单位的收入。

第十七条 行政单位取得各项收入，应当符合国家规定，按照财务管理的要求，分项如实核算。

第十八条 行政单位应当将各项收入全部纳入单位预算，统一核算，统一管理，未纳入预算的收入不得安排支出。

第四章 支出管理

第十九条 支出是指行政单位为保障机构正常运转和完成工作任务所发生的资金耗费和损失，包括基本支出和项目支出。

基本支出，是指行政单位为保障其机构正常运转和完成日常工作任务所发生的支出，包括人员经费和公用经费。

项目支出，是指行政单位为完成其特定的工作任务所发生的支出。

第二十条 行政单位应当将各项支出全部以项目形式纳入预算项目库，实施项目全生命周期管理，未纳入预算项目库的项目一律不得安排预算。

各项支出由单位财务部门按照批准的预算和有关规定审核办理。

第二十一条 行政单位应当严格执行国家规定的开支范围及标准,不得擅自扩大开支范围、提高开支标准,建立健全支出管理制度,合理安排支出进度,严控一般性支出。

第二十二条 行政单位从财政部门或者上级预算单位取得的项目资金,应当按照批准的项目和用途使用,专款专用,在单位统一会计账簿中按项目明细单独核算,并按照有关规定报告资金使用情况,接受财政部门和上级预算单位的监督。

第二十三条 行政单位应当严格执行国库集中支付制度和政府采购法律制度等规定。

第二十四条 行政单位可以根据机构运转和完成工作任务的实际需要,实行成本核算。成本核算的具体办法按照国务院财政部门有关规定执行。

第二十五条 行政单位应当依法依规加强各类票据管理,确保票据来源合法、内容真实、使用正确,不得使用虚假票据。

第五章 结转和结余管理

第二十六条 结转资金,是指当年预算已执行但未完成,或者因故未执行,下一年度需要按照原用途继续使用的资金。

第二十七条 结余资金,是指当年预算工作目标已完成,或者因故终止,当年剩余的资金。

结转资金在规定使用年限未使用或者未使用完的,视为结余资金。

第二十八条 财政拨款结转和结余的管理,应当按照国家有关规定执行。

第六章 资产管理

第二十九条 资产是指行政单位依法直接支配的、能以货币计量的各类经济资源,包括流动资产、固定资产、在建工程、无形资产、公共基础设施、政府储备物资、文物文化资产、保障性住房等。

第三十条 流动资产是指预计在一年以内耗用或者可以变现的资产,包括货币资金、应收及预付款项、存货等。

前款所称存货是指行政单位在工作中为耗用而储存的资产,包括材料、产品、包装物和低值易耗品以及未达到固定资产标准的用具、装具、动植物等。

第三十一条 固定资产是指使用期限超过一年,单位价值在1000元以上,并且在使用过程中基本保持原有物质形态的资产。单位价值虽未达到规定标准,但是耐用时间在一年以上的大批同类物资,作为固定资产管理。

第三十二条 在建工程是指已经发生必要支出,但尚未达到交付使用状态的建设项目工程。

在建工程达到交付使用状态时,应当按照规定办理工程竣工财务决算和资产交付使用,期限最长不得超过1年。

第三十三条 无形资产是指不具有实物形态而能为使用者提供某种权利的资产,包括专利权、商标权、著作权、土地使用权、非专利技术等。

第三十四条 行政单位应当建立健全单位资产管理制度,明确资产使用人和管理人的岗位责任,按照国家规定设置国有资产台账,加强和规范资产配置、使用和处置管理,维护资产安全完整。涉及资产评估的,按照国家有关规定执行。

行政单位应当汇总编制本单位行政事业性国有资产管理情况报告。

第三十五条 行政单位应当根据依法履行职能和完成工作任

务的需要,结合资产存量和价值、资产配置标准、绩效目标和财政承受能力,优先通过调剂方式配置资产。不能调剂的,可以采用购置、建设、租用等方式。

第三十六条 行政单位应当加强资产日常管理工作,做好资产建账、核算和登记工作,定期或者不定期进行清查盘点、对账,保证账账相符,账实相符。出现资产盘盈盘亏的,应当按照财务、会计和资产管理制度有关规定处理。

行政单位对需要办理权属登记的资产应当依法及时办理。

第三十七条 行政单位开设银行存款账户,应当报本级财政部门审批或者备案,并由财务部门统一管理。

第三十八条 行政单位应当加强应收及预付款项的管理,严格控制规模,并及时进行清理,不得长期挂账。

第三十九条 行政单位的资产增加时,应当及时登记入账;减少时,应当按照资产处置规定办理报批手续,进行账务处理。

行政单位货币性资产损失核销,按照本级财政部门预算及财务管理有关规定执行。

第四十条 除法律另有规定外,行政单位不得以任何形式用其依法直接支配的国有资产对外投资或者设立营利性组织。对于未与行政单位脱钩的营利性组织,行政单位应当按照有关规定进行监管。

除法律、行政法规另有规定外,行政单位不得以任何方式举借债务,不得以任何方式对外提供担保。

第四十一条 行政单位对外出租、出借国有资产,应当按照有关规定履行相关审批程序。未经批准,不得对外出租、出借。

第四十二条 行政单位应当在确保安全使用的前提下,推进本单位大型设备等国有资产共享共用工作,可以对提供方给予合理补偿。

第四十三条 行政单位资产处置应当遵循公开、公平、公正和竞争、择优的原则,依法进行资产评估,严格履行相关审批程序。

第四十四条 公共基础设施、政府储备物资、文物文化资产、保障性住房等国有资产管理的具体办法,由国务院财政部门会同有关部门制定。

第七章 负债管理

第四十五条 负债是指行政单位过去的经济业务事项形成的、预期会导致经济资源流出的现时义务,包括应缴款项、暂存款项、应付款项等。

第四十六条 应缴款项是指行政单位依法取得的应当上缴财政的资金,包括罚没收入、行政事业性收费收入、政府性基金收入、国有资源(资产)有偿使用收入等。

第四十七条 行政单位取得罚没收入、行政事业性收费收入、政府性基金收入、国有资源(资产)有偿使用收入等,应当按照国库集中收缴的有关规定及时足额上缴,不得隐瞒、滞留、截留、占用、挪用、拖欠或者坐支。

第四十八条 暂存款项是行政单位在业务活动中与其他单位或者个人发生的预收、代管等待结算的款项。

第四十九条 行政单位应当加强对暂存款项的管理,不得将应当纳入单位收入管理的款项列入暂存款项;对各种暂存款项应当及时清理、结算,不得长期挂账。

第八章 行政单位划转撤并的财务处理

第五十条 行政单位划转撤并的财务处理,应当在财政部门、主管预算单位等部门的监督指导下进行。

划转撤并的行政单位应当对单位的财产、债权、债务等进行全面清理,编制财产目录和债权、债务清单,提出财产作价依据和债权、债务处理办法,做好资产和负债的移交、接收、划转和管理工作，并妥善处理各项遗留问题。

第五十一条 划转撤并的行政单位的资产和负债经主管预算单位审核并上报财政部门和有关部门批准后，分别按照下列规定处理：

（一）转为事业单位和改变隶属关系的行政单位，其资产和负债无偿移交，并相应调整、划转经费指标。

（二）转为企业的行政单位，其资产按照有关规定进行评估作价并扣除负债后，转作企业的国有资本。

（三）撤销的行政单位，其全部资产和负债由财政部门或者财政部门授权的单位处理。

（四）合并的行政单位，其全部资产和负债移交接收单位或者新组建单位，并相应划转经费指标；合并后多余的资产，由财政部门或者财政部门授权的单位处理。

（五）分立的行政单位，其资产和负债按照有关规定移交分立后的行政单位，并相应划转经费指标。

第九章 财务报告和决算报告

第五十二条 行政单位应当按照国家有关规定向主管预算单位和财政部门以及其他有关的报告使用者提供财务报告、决算报告。

行政单位财务会计和预算会计要素的确认、计量、记录、报告应当遵循政府会计准则制度的规定。

第五十三条 财务报告主要以权责发生制为基础编制，以财务会计核算生成的数据为准，综合反映行政单位特定日期财务状况和一定时期运行情况等信息。

第五十四条 财务报告由财务报表和财务分析两部分组成。财务报表主要包括资产负债表、收入费用表等会计报表和报表附注。财务分析的内容主要包括财务状况分析、运行情况分析和财务管理情况等。

第五十五条 决算报告主要以收付实现制为基础编制，以预算会计核算生成的数据为准，综合反映行政单位年度预算收支执行结果等信息。

第五十六条 决算报告由决算报表和决算分析两部分组成。决算报表主要包括收入支出表、财政拨款收入支出表等。决算分析的内容主要包括收支预算执行分析、资金使用效益分析和机构人员情况等。

第十章 财务监督

第五十七条 行政单位财务监督主要包括对预算管理、收入管理、支出管理、结转和结余管理、资产管理、负债管理等的监督。

第五十八条 行政单位财务监督应当实行事前监督、事中监督、事后监督相结合，日常监督与专项监督相结合，并对违反财务规章制度的问题进行检查处理。

第五十九条 行政单位应当建立健全内部控制制度、经济责任制度、财务信息披露制度等监督制度，按照规定编制内部控制报告，依法依规公开财务信息，做好预决算公开工作。

第六十条 行政单位应当遵守财经纪律和财务制度，依法接受主管预算单位和财政、审计部门的监督。

第六十一条 财政部门、行政单位及其工作人员存在违反本规则规定的行为，以及其他滥用职权、玩忽职守、徇私舞弊等违法违规行为的，依法追究相应责任。

第十一章 附 则

第六十二条 行政单位基本建设投资的财务管理，应当执行本规则，但国家基本建设投资财务管理制度另有规定的，从其规定。

第六十三条 行政单位应当严格按照《中华人民共和国保守国家秘密法》等法律法规和有关规定,做好涉密事项的财务管理工作。

第六十四条 行政单位所属独立核算的企业、事业单位分别执行相应的财务制度,不执行本规则。

第六十五条 省、自治区、直辖市人民政府财政部门可以依据本规则结合本地区实际情况制定实施办法。

第六十六条 本规则自 2023 年 3 月 1 日起施行。《行政单位财务规则》(财政部令第 71 号)同时废止。

附：

2023年2月份报国务院备案并予以登记的地方性法规、自治条例、单行条例和地方政府规章目录

地方性法规

法规名称	公布日期	备案登记编号
北京市人民代表大会常务委员会议事规则	2022年11月25日	国司备字［2023007999］
北京市城市更新条例	2022年11月25日	国司备字［2023008000］
北京市数字经济促进条例	2022年11月25日	国司备字［2023008001］
北京市节水条例	2022年11月25日	国司备字［2023008002］
北京市人民代表大会常务委员会关于修改《北京市实施〈中华人民共和国水法〉办法》的决定	2022年11月25日	国司备字［2023008005］
天津市人民代表大会常务委员会议事规则	2022年12月1日	国司备字［2023007871］
天津市矛盾纠纷多元化解条例	2022年12月1日	国司备字［2023007872］
天津市轨道交通运营安全条例	2022年12月1日	国司备字［2023007873］
天津市科学技术进步促进条例	2022年12月1日	国司备字［2023007874］
天津市家庭医生签约服务若干规定	2022年12月1日	国司备字［2023007875］

续表

法规名称	公布日期	备案登记编号
天津市华侨权益保护条例	2022 年 12 月 1 日	国司备字[2023007876]
天津市全民健身条例	2022 年 12 月 1 日	国司备字[2023007877]
天津市人民代表大会代表建议、批评和意见工作条例	2022 年 12 月 1 日	国司备字[2023007878]
天津市人民代表大会常务委员会关于废止《天津市信访工作若干规定》的决定	2022 年 12 月 1 日	国司备字[2023007879]
河北省退役军人保障条例	2022 年 11 月 29 日	国司备字[2023007772]
河北省反家庭暴力条例	2022 年 11 月 29 日	国司备字[2023007773]
河北省实施《中华人民共和国全国人民代表大会和地方各级人民代表大会代表法》办法	2022 年 11 月 29 日	国司备字[2023007774]
河北省人民代表大会常务委员会关于修改《河北省实施〈中华人民共和国人民防空法〉办法》的决定	2022 年 5 月 27 日	国司备字[2023008036]
唐山市生态环境保护条例	2022 年 11 月 30 日	国司备字[2023007775]
廊坊市农村公路条例	2022 年 12 月 1 日	国司备字[2023007777]
秦皇岛市人民代表大会常务委员会关于修改《秦皇岛市物业管理条例》的决定	2022 年 12 月 1 日	国司备字[2023007779]
张家口市文明行为促进条例	2022 年 12 月 8 日	国司备字[2023007781]
沧州市排水与污水处理条例	2022 年 12 月 8 日	国司备字[2023007782]
衡水市城市供水用水管理条例	2022 年 12 月 12 日	国司备字[2023007783]
衡水市快递条例	2022 年 12 月 12 日	国司备字[2023007784]

续表

法规名称	公布日期	备案登记编号
山西省煤炭清洁高效利用促进条例	2022 年 12 月 9 日	国司备字［2023007793］
山西省禁牧轮牧休牧条例	2022 年 12 月 9 日	国司备字［2023007796］
山西省安全生产条例	2022 年 12 月 9 日	国司备字［2023007797］
山西省教育督导条例	2022 年 7 月 22 日	国司备字［2023007815］
山西省小杂粮保护促进条例	2022 年 7 月 22 日	国司备字［2023007816］
山西省人民代表大会常务委员会关于废止《山西省信访条例》的决定	2022 年 7 月 22 日	国司备字［2023007817］
山西省泉域水资源保护条例	2022 年 9 月 28 日	国司备字［2023007819］
山西省反不正当竞争条例	2022 年 9 月 28 日	国司备字［2023007820］
山西省绿色建筑发展条例	2022 年 9 月 28 日	国司备字［2023007821］
山西省社区居家养老服务条例	2022 年 9 月 28 日	国司备字［2023007822］
山西省数字经济促进条例	2022 年 12 月 9 日	国司备字［2023007892］
山西省整沟治理促进条例	2022 年 12 月 9 日	国司备字［2023007893］
山西省人民代表大会常务委员会关于修改《山西省安全技术防范条例》等五部地方性法规的决定	2022 年 5 月 27 日	国司备字［2023008048］
太原市人民代表大会常务委员会关于修改《太原市城市绿化条例》等四件地方性法规的决定	2022 年 10 月 10 日	国司备字［2023007823］

续表

法规名称	公布日期	备案登记编号
大同市人民代表大会常务委员会关于废止《大同市政务信息公开条例》的决定	2022 年 12 月 16 日	国司备字［2023007801］
大同市长城保护条例	2022 年 7 月 28 日	国司备字［2023007818］
晋城市延河泉域和三姑泉域水资源保护条例	2022 年 12 月 13 日	国司备字［2023007799］
晋城市物业管理条例	2022 年 12 月 13 日	国司备字［2023007800］
晋城市机动车停车条例	2022 年 7 月 25 日	国司备字［2023008006］
忻州市人民代表大会常务委员会关于修改《忻州市五台山风景名胜区条例》的决定	2022 年 10 月 9 日	国司备字［2023007824］
吕梁市城市绿化条例	2022 年 12 月 13 日	国司备字［2023007802］
吕梁市停车条例	2022 年 12 月 13 日	国司备字［2023007803］
晋中市云竹湖保护条例	2022 年 12 月 16 日	国司备字［2023007804］
晋中市漳河流域生态保护与修复条例	2022 年 7 月 28 日	国司备字［2023007825］
晋中市国家湿地公园保护条例	2022 年 10 月 9 日	国司备字［2023007826］
长治市漳河流域生态修复与保护条例	2022 年 12 月 18 日	国司备字［2023007805］
阳泉市滹沱河流域生态修复和保护条例	2022 年 8 月 2 日	国司备字［2023007827］
内蒙古自治区家庭教育促进条例	2022 年 12 月 27 日	国司备字［2023007785］
内蒙古自治区实施《中华人民共和国土地管理法》办法	2022 年 12 月 27 日	国司备字［2023007786］

续表

法规名称	公布日期	备案登记编号
内蒙古自治区人民代表大会常务委员会关于废止《内蒙古自治区商品交易市场管理条例》等2件地方性法规的决定	2022年12月27日	国司备字[2023007787]
内蒙古自治区人工影响天气管理条例	2022年5月26日	国司备字[2023007956]
内蒙古自治区人民代表大会常务委员会关于修改《内蒙古自治区公证条例》等3件地方性法规的决定	2022年5月26日	国司备字[2023007957]
内蒙古自治区人民代表大会常务委员会关于修改《内蒙古自治区特种设备安全监察条例》等3件地方性法规的决定	2022年5月26日	国司备字[2023007958]
内蒙古自治区人民代表大会常务委员会关于修改《内蒙古自治区人民代表大会常务委员会任免工作办法》的决定	2022年5月26日	国司备字[2023007959]
内蒙古自治区人民代表大会常务委员会关于废止《内蒙古自治区各级人民代表大会常务委员会信访条例》的决定	2022年5月26日	国司备字[2023007960]
呼和浩特市接诉即办工作条例	2022年12月28日	国司备字[2023007788]
呼和浩特市电动自行车消防安全管理条例	2022年12月28日	国司备字[2023007789]
呼和浩特市人民代表大会常务委员会关于废止《呼和浩特市户外广告管理条例》等2件地方性法规的决定	2022年6月2日	国司备字[2023007961]
包头市人民代表大会常务委员会关于修改《包头市地名管理条例》等4件地方性法规的决定	2023年1月3日	国司备字[2023007790]
包头市人民代表大会议事规则	2022年6月2日	国司备字[2023007962]
呼伦贝尔市乡村人居环境建设管理条例	2023年1月3日	国司备字[2023007791]

续表

法规名称	公布日期	备案登记编号
通辽市沙化土地治理条例	2022 年 12 月 30 日	国司备字［2023007792］
乌海市住宅物业管理条例	2022 年 6 月 2 日	国司备字［2023007963］
乌海市矿区环境综合治理条例	2022 年 6 月 2 日	国司备字［2023007964］
辽宁省基层群众性自治组织工作清单管理规定	2022 年 9 月 21 日	国司备字［2023008161］
辽宁省城市供热条例	2022 年 9 月 21 日	国司备字［2023008162］
大连市人民代表大会常务委员会关于修改《大连市城市商业网点规划建设管理条例》等 5 件地方性法规的决定	2022 年 6 月 9 日	国司备字［2023008062］
丹东市城市市容和环境卫生管理条例	2022 年 12 月 19 日	国司备字［2023008163］
吉林省土地管理条例	2022 年 11 月 30 日	国司备字［2023007901］
吉林省黑土地保护条例	2022 年 11 月 30 日	国司备字［2023007902］
吉林省人民代表大会常务委员会关于修改和废止《吉林省高速公路路政管理条例》等 10 部地方性法规的决定	2022 年 11 月 30 日	国司备字［2023007903］
长春市人才发展促进条例	2022 年 8 月 31 日	国司备字［2023007762］
长春市人民代表大会常务委员会关于修改《长春市农作物秸秆露天禁烧和综合利用管理条例》的决定	2022 年 12 月 4 日	国司备字［2023007904］
长春市城乡社区治理促进条例	2022 年 12 月 16 日	国司备字［2023007905］
长春市街道办事处工作条例	2022 年 12 月 16 日	国司备字［2023007906］

续表

法规名称	公布日期	备案登记编号
吉林市文明祭祀管理条例	2022 年 12 月 19 日	国司备字［2023007907］
四平市农田水网条例	2022 年 12 月 1 日	国司备字［2023007908］
通化市国有土地上房屋征收与补偿条例	2022 年 12 月 5 日	国司备字［2023007909］
黑龙江省优化营商环境条例	2022 年 12 月 26 日	国司备字［2023008063］
黑龙江省土地管理条例	2022 年 12 月 26 日	国司备字［2023008100］
黑龙江省医疗保障基金监督管理条例	2022 年 12 月 26 日	国司备字［2023008101］
黑龙江省电动车管理条例	2022 年 12 月 26 日	国司备字［2023008105］
哈尔滨市中央大街步行街区条例	2022 年 12 月 26 日	国司备字［2023008102］
哈尔滨市城市道路机动车停车泊位管理规定	2022 年 12 月 27 日	国司备字［2023008103］
齐齐哈尔市人民代表大会常务委员会议事规则	2022 年 12 月 27 日	国司备字［2023008104］
佳木斯市城市市容和环境卫生管理条例	2022 年 12 月 28 日	国司备字［2023008086］
双鸭山市餐厨垃圾管理条例	2022 年 12 月 27 日	国司备字［2023008087］
上海市乡村振兴促进条例	2022 年 8 月 27 日	国司备字［2023007934］
上海市浦东新区文物艺术品交易若干规定	2022 年 8 月 27 日	国司备字［2023007935］
苏州市人民代表大会常务委员会关于修改《苏州市河道管理条例》等三件地方性法规的决定	2022 年 8 月 8 日	国司备字［2023007894］

续表

法规名称	公布日期	备案登记编号
盐城市物业管理条例	2022 年 12 月 1 日	国司备字［2023007880］
扬州市扬尘污染防治条例	2022 年 12 月 8 日	国司备字［2023007881］
扬州市人民代表大会常务委员会关于修改《扬州市农贸市场管理条例》的决定	2022 年 12 月 8 日	国司备字［2023007882］
扬州市人民代表大会常务委员会关于修改《扬州市河道管理条例》的决定	2022 年 12 月 8 日	国司备字［2023007883］
镇江市房屋安全条例	2022 年 11 月 30 日	国司备字［2023007884］
泰州市全民健身条例	2022 年 12 月 2 日	国司备字［2023007885］
连云港石化产业基地高质量发展条例	2022 年 12 月 1 日	国司备字［2023007886］
宿迁市农村公路条例	2022 年 12 月 5 日	国司备字［2023007887］
宿迁市人民代表大会常务委员会关于修改《宿迁市古黄河马陵河西民便河水环境保护条例》的决定	2022 年 12 月 5 日	国司备字［2023007888］
浙江省人民代表大会常务委员会关于修改《浙江省道路运输条例》的决定	2022 年 7 月 29 日	国司备字［2023008080］
宁波市预防和制止家庭暴力条例	2022 年 12 月 30 日	国司备字［2023007868］
安徽省质量促进条例	2022 年 12 月 16 日	国司备字［2023007764］
安徽省实施《中华人民共和国职业教育法》办法	2022 年 12 月 16 日	国司备字［2023007765］
安徽省实施《中华人民共和国电力法》办法	2022 年 12 月 16 日	国司备字［2023007766］
安徽省电动自行车管理条例	2022 年 12 月 16 日	国司备字［2023007767］

续表

法规名称	公布日期	备案登记编号
合肥市消防条例	2022 年 12 月 27 日	国司备字［2023007768］
宿州市生活垃圾分类管理办法	2023 年 1 月 4 日	国司备字［2023007769］
蚌埠市公共资源交易监督管理条例	2022 年 12 月 22 日	国司备字［2023007770］
安庆市优化营商环境条例	2022 年 12 月 27 日	国司备字［2023007771］
福建省邮政条例	2022 年 5 月 27 日	国司备字［2023007978］
福建省中医药条例	2022 年 5 月 27 日	国司备字［2023007979］
福建省人民代表大会常务委员会关于修改《福建省气象条例》等三项涉及“放管服”改革的地方性法规的决定	2022 年 5 月 27 日	国司备字［2023007994］
福建省地方金融监督管理条例	2022 年 5 月 27 日	国司备字［2023008089］
福建省土壤污染防治条例	2022 年 5 月 27 日	国司备字［2023008090］
福建省土地管理条例	2022 年 5 月 27 日	国司备字［2023008142］
厦门经济特区数据条例	2022 年 12 月 27 日	国司备字［2023007869］
厦门市人民代表大会常务委员会关于修改《厦门经济特区气象灾害防御条例》的决定	2022 年 12 月 27 日	国司备字［2023007870］
江西省人民代表大会常务委员会关于修改《江西省军人军属权益保障条例》等 12 件地方性法规的决定	2022 年 7 月 26 日	国司备字［2023007919］
江西省实施《中华人民共和国土地管理法》办法	2022 年 3 月 29 日	国司备字［2023008067］

续表

法规名称	公布日期	备案登记编号
江西省非道路移动机械排气污染防治条例	2022 年 9 月 29 日	国司备字［2023008068］
江西省人民代表大会常务委员会关于修改《江西省人民代表大会常务委员会人事任免办法》的决定	2022 年 9 月 29 日	国司备字［2023008069］
江西省社会保障卡一卡通条例	2022 年 5 月 31 日	国司备字［2023008084］
江西省平安建设条例	2022 年 11 月 25 日	国司备字［2023008085］
江西省林长制条例	2022 年 5 月 31 日	国司备字［2023008111］
江西省人民代表大会常务委员会关于修改《江西省人民代表大会议事规则》的决定	2022 年 1 月 20 日	国司备字［2023008112］
江西省人民代表大会常务委员会关于修改《江西省人民代表大会常务委员会议事规则》的决定	2022 年 9 月 29 日	国司备字［2023008113］
江西省人民代表大会常务委员会关于修改《江西省人民代表大会常务委员会主任会议议事规则》的决定	2022 年 9 月 29 日	国司备字［2023008114］
江西省人民代表大会常务委员会关于修改《江西省乡镇人民代表大会工作条例》等 6 件地方性法规的决定	2022 年 7 月 26 日	国司备字［2023008147］
南昌市数字经济促进条例	2022 年 12 月 7 日	国司备字［2023008049］
九江市松材线虫病防治条例	2022 年 12 月 14 日	国司备字［2023008119］
九江市饮用水水源保护条例	2022 年 10 月 17 日	国司备字［2023008148］
上饶市突发公共卫生事件应急条例	2022 年 8 月 5 日	国司备字［2023008070］

续表

法规名称	公布日期	备案登记编号
吉安市城市绿化管理条例	2022年10月17日	国司备字[2023008115]
抚州市养犬管理条例	2022年4月18日	国司备字[2023008116]
抚州市农村村民住房建设管理条例	2022年8月16日	国司备字[2023008149]
萍乡市城市公园广场管理条例	2022年4月14日	国司备字[2023008117]
萍乡市电动车管理条例	2022年10月13日	国司备字[2023008118]
新余市文明行为促进条例	2022年10月17日	国司备字[2023008050]
山东省华侨权益保护条例	2022年12月21日	国司备字[2023008007]
山东省人民代表大会常务委员会关于废止《山东省信访条例》的决定	2022年12月21日	国司备字[2023008008]
青岛市历史建筑和传统风貌建筑保护利用条例	2022年12月21日	国司备字[2023008009]
东营市社会治理网格化服务管理条例	2022年12月22日	国司备字[2023008091]
烟台市房屋使用安全管理条例	2022年12月21日	国司备字[2023008092]
济宁市电梯安全条例	2022年12月21日	国司备字[2023008010]
泰安市停车管理条例	2022年12月22日	国司备字[2023008011]
威海市气瓶安全管理条例	2022年12月22日	国司备字[2023008012]
菏泽市儿童友好城市建设促进条例	2023年1月4日	国司备字[2023008013]

续表

法规名称	公布日期	备案登记编号
枣庄市烟花爆竹燃放管理条例	2022 年 12 月 29 日	国司备字［2023008014］
枣庄市网格化服务管理条例	2022 年 12 月 25 日	国司备字［2023008015］
日照市 12345 政务服务便民热线条例	2022 年 12 月 22 日	国司备字［2023008016］
德州市城市绿化条例	2022 年 12 月 22 日	国司备字［2023008017］
德州市反餐饮浪费条例	2022 年 12 月 22 日	国司备字［2023008018］
滨州市优化营商环境条例	2023 年 1 月 3 日	国司备字［2023008019］
滨州市住宅物业管理条例	2023 年 1 月 3 日	国司备字［2023008020］
河南省中医药条例	2022 年 5 月 27 日	国司备字［2023007982］
郑州市人民代表大会常务委员会关于修改部分地方性法规的决定	2022 年 1 月 1 日	国司备字［2023007899］
洛阳市养犬管理条例	2022 年 11 月 8 日	国司备字［2023008106］
焦作市养老服务促进条例	2022 年 11 月 3 日	国司备字［2023008107］
南阳市人民代表大会常务委员会关于修改《南阳市白河水系水环境保护条例》的决定	2023 年 1 月 6 日	国司备字［2023007763］
南阳市城市管理综合执法条例	2022 年 5 月 26 日	国司备字［2023007983］
漯河市物业管理条例	2022 年 10 月 31 日	国司备字［2023008108］
濮阳市城乡供水条例	2022 年 11 月 11 日	国司备字［2023008109］

续表

法规名称	公布日期	备案登记编号
商丘市人民代表大会常务委员会关于修改部分地方性法规的决定	2022 年 11 月 15 日	国司备字［2023007900］
信阳市停车场建设管理条例	2022 年 3 月 22 日	国司备字［2023007984］
湖北省人民代表大会常务委员会关于集中修改、废止部分省级地方性法规的决定	2022 年 11 月 25 日	国司备字［2023007897］
湖北省涉案财物价格认定条例	2022 年 5 月 26 日	国司备字［2023007980］
湖北省磷石膏污染防治条例	2022 年 5 月 26 日	国司备字［2023007981］
湖北省人民代表大会常务委员会关于集中修改涉及公共卫生体系建设省本级地方性法规的决定	2022 年 5 月 26 日	国司备字［2023008083］
湖北省优化营商环境条例	2022 年 11 月 25 日	国司备字［2023008093］
武汉市地质灾害防治和地质环境保护条例	2022 年 12 月 29 日	国司备字［2023007867］
武汉市人民代表大会常务委员会关于修改和废止部分地方性法规的决定	2022 年 6 月 23 日	国司备字［2023007898］
湖南省社会信用条例	2022 年 5 月 26 日	国司备字［2023007965］
湖南省乡村振兴促进条例	2022 年 11 月 23 日	国司备字［2023008088］
湖南省先进制造业促进条例	2022 年 1 月 11 日	国司备字［2023008098］
常德市住宅小区电动车充电安全管理规定	2022 年 8 月 23 日	国司备字［2023007966］
常德市生活垃圾管理条例	2022 年 8 月 23 日	国司备字［2023007967］

续表

法规名称	公布日期	备案登记编号
常德市饮用水水源保护条例	2022 年 10 月 24 日	国司备字［2023008099］
永州市文明行为促进条例	2022 年 8 月 26 日	国司备字［2023007969］
怀化市人民代表大会常务委员会关于修改《怀化市城市市容和环境卫生管理条例》的决定	2022 年 8 月 17 日	国司备字［2023007971］
广东省人民代表大会常务委员会关于修改《广东省失业保险条例》的决定	2022 年 6 月 1 日	国司备字［2023007972］
广东省土地管理条例	2022 年 6 月 1 日	国司备字［2023007973］
广东省乡村振兴促进条例	2022 年 6 月 1 日	国司备字［2023007974］
广东省优化营商环境条例	2022 年 6 月 1 日	国司备字［2023007975］
广东省人民代表大会常务委员会关于废止《广东省信访条例》的决定	2022 年 6 月 1 日	国司备字［2023007976］
广东省人民代表大会常务委员会关于修改《广东省土地权属纠纷处理条例》等四项地方性法规的决定	2022 年 6 月 1 日	国司备字［2023007977］
深圳市人民代表大会常务委员会关于修改《深圳经济特区计量条例》的决定	2023 年 1 月 5 日	国司备字［2023007806］
深圳市人民代表大会常务委员会关于暂时停止适用《深圳经济特区房地产转让条例》有关规定的决定	2022 年 12 月 29 日	国司备字［2023007807］
深圳经济特区社会信用条例	2023 年 1 月 6 日	国司备字［2023007808］
深圳经济特区中医药条例	2023 年 1 月 6 日	国司备字［2023007811］
深圳经济特区细胞和基因产业促进条例	2023 年 1 月 6 日	国司备字［2023007812］

续表

法规名称	公布日期	备案登记编号
东莞市人民代表大会常务委员会关于修改《东莞市养犬管理条例》《东莞市饮用水源水质保护条例》两项地方性法规的决定	2022 年 8 月 29 日	国司备字［2023008073］
南宁市全域旅游促进条例	2022 年 12 月 13 日	国司备字［2023008151］
柳州市天然水域垂钓管理规定	2022 年 12 月 14 日	国司备字［2023008152］
桂林市会仙喀斯特国家湿地公园保护管理规定	2022 年 12 月 20 日	国司备字［2023008153］
桂林市青狮潭水库饮用水水源保护管理规定	2022 年 12 月 20 日	国司备字［2023008154］
北海市非物质文化遗产保护条例	2022 年 12 月 9 日	国司备字［2023008155］
玉林市秸秆露天禁烧和综合利用管理条例	2022 年 12 月 19 日	国司备字［2023008156］
贵港市鹏山保护条例	2022 年 12 月 8 日	国司备字［2023008157］
百色市万峰湖保护条例	2022 年 12 月 12 日	国司备字［2023008158］
河池市红色文化遗址保护条例	2022 年 12 月 12 日	国司备字［2023008159］
崇左市壮族天琴艺术传承发展条例	2022 年 12 月 12 日	国司备字［2023008160］
重庆市人民代表大会常务委员会关于修改《重庆市大足石刻保护条例》的决定	2022 年 12 月 29 日	国司备字［2023007889］
重庆市人民代表大会常务委员会关于修改《重庆市旅游条例》等二十三件地方性法规的决定	2022 年 9 月 28 日	国司备字［2023007891］
重庆市地名管理条例	2022 年 7 月 22 日	国司备字［2023008037］

续表

法规名称	公布日期	备案登记编号
四川省机关运行保障条例	2022 年 12 月 2 日	国司备字［2023007841］
四川省《中华人民共和国土地管理法》实施办法	2022 年 12 月 2 日	国司备字［2023007842］
四川省盐业管理条例	2022 年 12 月 2 日	国司备字［2023007843］
四川省数据条例	2022 年 12 月 2 日	国司备字［2023007844］
四川省医疗机构管理条例	2022 年 12 月 2 日	国司备字［2023007845］
四川省人民代表大会代表建议、批评和意见工作条例	2022 年 12 月 2 日	国司备字［2023007846］
四川省民族团结进步条例	2022 年 12 月 2 日	国司备字［2023007847］
四川省人民代表大会常务委员会关于修改《四川省人民代表大会常务委员会议事规则》的决定	2022 年 12 月 2 日	国司备字［2023007848］
四川省水文条例	2022 年 12 月 2 日	国司备字［2023007849］
成都市优化营商环境条例	2022 年 12 月 2 日	国司备字［2023007850］
成都市大遗址保护条例	2022 年 12 月 2 日	国司备字［2023007851］
成都市绿色建筑促进条例	2022 年 12 月 2 日	国司备字［2023007852］
遂宁市城区农贸市场管理条例	2022 年 12 月 6 日	国司备字［2023007853］
南充市红色资源保护传承条例	2022 年 12 月 5 日	国司备字［2023007854］
宜宾市蜀南竹海风景名胜区保护条例	2022 年 12 月 14 日	国司备字［2023007855］

续表

法规名称	公布日期	备案登记编号
雅安市自然灾害应急避险若干规定	2022 年 12 月 6 日	国司备字［2023007856］
广元市文明行为促进条例	2022 年 12 月 5 日	国司备字［2023007857］
凉山彝族自治州中医药保护条例	2022 年 12 月 7 日	国司备字［2023007858］
贵州省乡村振兴促进条例	2022 年 10 月 14 日	国司备字［2023007985］
贵州省中小企业促进条例	2022 年 10 月 14 日	国司备字［2023007986］
贵州省科学技术协会条例	2022 年 10 月 14 日	国司备字［2023008021］
贵州省社会信用条例	2022 年 10 月 14 日	国司备字［2023008022］
贵州省老年教育条例	2022 年 10 月 14 日	国司备字［2023008023］
贵州省信息基础设施条例	2022 年 12 月 1 日	国司备字［2023008024］
贵州省农作物种子条例	2022 年 12 月 1 日	国司备字［2023008025］
贵州省土地管理条例	2022 年 12 月 1 日	国司备字［2023008026］
贵州省乌江保护条例	2022 年 12 月 1 日	国司备字［2023008027］
贵州省赤水河流域酱香型白酒生产环境保护条例	2022 年 12 月 1 日	国司备字［2023008028］
贵州省法律援助条例	2022 年 12 月 1 日	国司备字［2023008094］
贵州省人民代表大会常务委员会议事规则修正案	2022 年 12 月 1 日	国司备字［2023008095］

续表

法规名称	公布日期	备案登记编号
贵州省人民代表大会代表议案和建议办理条例	2022 年 5 月 25 日	国司备字［2023008175］
遵义市城市绿化条例	2022 年 10 月 25 日	国司备字［2023008029］
六盘水市城镇生活垃圾分类管理条例	2022 年 10 月 18 日	国司备字［2023008030］
六盘水市韭菜坪景区保护条例	2022 年 12 月 13 日	国司备字［2023008096］
安顺市城市节约用水条例	2022 年 10 月 27 日	国司备字［2023007987］
毕节市供热用热管理条例	2022 年 10 月 21 日	国司备字［2023008031］
毕节市韭菜坪景区保护条例	2022 年 12 月 13 日	国司备字［2023008032］
铜仁市中心城区山体保护条例	2022 年 12 月 2 日	国司备字［2023008033］
铜仁市锦江干流大江沿岸建设管理条例	2022 年 12 月 2 日	国司备字［2023008034］
黔西南布依族苗族自治州万峰湖保护条例	2022 年 12 月 12 日	国司备字［2023008035］
红河哈尼族彝族自治州人民代表大会常务委员会关于修改《红河哈尼族彝族自治州蒙自城市管理条例》的决定	2022 年 6 月 7 日	国司备字［2023008081］
西双版纳傣族自治州乡村清洁条例	2022 年 6 月 1 日	国司备字［2023008082］
西藏自治区乡村振兴促进条例	2022 年 6 月 6 日	国司备字［2023007936］
西藏自治区平安建设条例	2022 年 6 月 6 日	国司备字［2023007937］
西藏自治区公安机关警务辅助人员管理条例	2022 年 6 月 6 日	国司备字［2023007938］

续表

法规名称	公布日期	备案登记编号
西藏自治区消防条例	2022年6月6日	国司备字［2023007939］
西藏自治区药品管理条例	2022年6月6日	国司备字［2023007940］
拉萨市南北山绿化管理条例	2022年5月31日	国司备字［2023007941］
陕西省人民代表大会常务委员会关于废止《陕西省流动人口计划生育管理办法》的决定	2022年5月25日	国司备字［2023007828］
陕西省渭河保护条例	2022年12月1日	国司备字［2023007829］
陕西省养老服务条例	2022年12月1日	国司备字［2023007830］
陕西省各级人民代表大会常务委员会国有资产管理情况监督条例	2022年12月1日	国司备字［2023007831］
陕西省革命文物保护利用条例	2022年12月1日	国司备字［2023007832］
陕西省人民代表大会常务委员会议事规则	2022年12月1日	国司备字［2023007833］
陕西省实施《中华人民共和国禁毒法》办法	2022年9月29日	国司备字［2023007834］
陕西省大数据条例	2022年9月29日	国司备字［2023007835］
陕西省实施《中华人民共和国土地管理法》办法	2022年9月29日	国司备字［2023007836］
陕西省实施《中华人民共和国红十字会法》办法	2022年9月29日	国司备字［2023007837］
西安市人民代表大会常务委员会关于废止《西安市流动人口计划生育条例》的决定	2022年9月14日	国司备字［2023007838］
西安市人民代表大会常务委员会关于修改《西安市城市轨道交通条例》的决定	2022年11月17日	国司备字［2023007839］

续表

法规名称	公布日期	备案登记编号
西安市人民代表大会常务委员会关于修改《西安市制止价格欺诈和谋取暴力条例》等8部地方性法规的决定	2022年9月14日	国司备字［2023007895］
汉中市电动车管理条例	2022年11月14日	国司备字［2023007840］
天水市海绵城市建设管理条例	2022年12月20日	国司备字［2023007890］
青海省预算绩效管理条例	2022年11月29日	国司备字［2023007859］
青海省公安机关警务辅助人员管理条例	2022年11月29日	国司备字［2023007860］
青海省全民健身条例	2022年11月29日	国司备字［2023007861］
青海省人民代表大会常务委员会关于修改《青海省邮政条例》等五部地方性法规的决定	2022年11月29日	国司备字［2023007862］
青海省人民代表大会常务委员会关于废止《青海省预算管理条例》等四部地方性法规的决定	2022年11月29日	国司备字［2023007863］
西宁市生活垃圾分类管理条例	2023年1月10日	国司备字［2023007864］
海东市基层社会治理促进条例	2023年1月16日	国司备字［2023007865］
玉树藏族自治州国际生态旅游目的地建设促进条例	2022年12月30日	国司备字［2023007866］
玉树藏族自治州人民代表大会关于废止《玉树藏族自治州财政预算管理条例》的决定	2022年6月1日	国司备字［2023008176］
玉树藏族自治州人民代表大会关于废止《玉树藏族自治州社会治安综合治理条例》的决定	2022年6月1日	国司备字［2023008177］

续表

法规名称	公布日期	备案登记编号
宁夏回族自治区人民代表大会常务委员会关于修改《宁夏回族自治区节约用水条例》等两件地方性法规的决定	2022 年 6 月 2 日	国司备字［2023007953］
宁夏回族自治区人民代表大会常务委员会关于废止《宁夏回族自治区劳动合同条例》的决定	2022 年 6 月 2 日	国司备字［2023007954］
宁夏回族自治区人民代表大会常务委员会关于修改《宁夏回族自治区人民代表大会常务委员会议事规则》等三件地方性法规的决定	2022 年 7 月 29 日	国司备字［2023008171］
新疆维吾尔自治区便民警务站条例	2022 年 6 月 1 日	国司备字［2023007942］
新疆维吾尔自治区实施《中华人民共和国国家安全法》办法	2022 年 6 月 1 日	国司备字［2023007943］
新疆维吾尔自治区未成年人保护条例	2022 年 6 月 2 日	国司备字［2023007944］
新疆维吾尔自治区实施《中华人民共和国促进科技成果转化法》办法	2022 年 6 月 3 日	国司备字［2023007945］
新疆维吾尔自治区人口与计划生育条例	2022 年 6 月 4 日	国司备字［2023007946］
新疆维吾尔自治区街道人大工作条例	2022 年 6 月 7 日	国司备字［2023007947］
新疆维吾尔自治区实施《中华人民共和国中小企业促进法》办法	2022 年 10 月 4 日	国司备字［2023008120］
新疆维吾尔自治区人民调解条例	2022 年 10 月 6 日	国司备字［2023008121］
新疆维吾尔自治区人民代表大会常务委员会讨论决定重大事项的规定	2022 年 10 月 7 日	国司备字［2023008122］
新疆维吾尔自治区人民代表大会常务委员会议事规则	2022 年 10 月 10 日	国司备字［2023008123］
新疆维吾尔自治区粮食安全保障条例	2022 年 10 月 10 日	国司备字［2023008124］

续表

法规名称	公布日期	备案登记编号
新疆塔城重点开发开放试验区条例	2022 年 12 月 6 日	国司备字［2023008125］
新疆维吾尔自治区边境管理条例	2022 年 12 月 8 日	国司备字［2023008126］
塔城市河流生态保护条例	2022 年 12 月 24 日	国司备字［2023008127］
库鲁斯台草原生态保护条例	2022 年 12 月 24 日	国司备字［2023008128］
昌吉回族自治州城乡网格化管理服务条例	2022 年 5 月 9 日	国司备字［2023007948］
昌吉回族自治州城镇供热条例	2022 年 5 月 9 日	国司备字［2023007949］
昌吉回族自治州人民代表大会关于废止《昌吉回族自治州旅游条例》等三件单行条例的决定	2022 年 5 月 9 日	国司备字［2023007950］
博尔塔拉蒙古自治州精河枸杞产业促进条例	2022 年 12 月 8 日	国司备字［2023008129］
博尔塔拉蒙古自治州农田防护林保护条例	2022 年 12 月 8 日	国司备字［2023008130］
巴里坤哈萨克自治县旅游发展促进条例	2022 年 5 月 12 日	国司备字［2023007951］

地方政府规章

规章名称	公布日期	备案登记编号
河北省人民政府关于废止和修改部分省政府规章的决定	2023 年 1 月 20 日	国司备字［2023008184］
唐山市机动车停车设施管理办法	2022 年 11 月 28 日	国司备字［2023008132］

续表

规章名称	公布日期	备案登记编号
张家口市建筑垃圾管理办法	2023年1月16日	国司备字［2023007798］
沧州市行政规范性文件制定和监督管理规定	2023年1月4日	国司备字［2023008051］
沧州市船舶污染物监督管理办法	2023年1月4日	国司备字［2023008052］
沧州市节约用水办法	2023年1月4日	国司备字［2023008131］
山西省治理道路货物运输源头超限超载办法	2023年1月16日	国司备字［2023007989］
山西省实施《工伤保险条例》办法	2023年1月16日	国司备字［2023007990］
山西省陆生野生动物造成人身与财产损害补偿办法	2023年1月16日	国司备字［2023007991］
山西省学校学生人身伤害事故预防与处理办法	2023年1月16日	国司备字［2023007992］
赤峰市气象灾害防御办法	2023年1月29日	国司备字［2023008141］
辽宁省医疗保障基金监督管理办法	2023年1月15日	国司备字［2023008046］
辽宁省农村供水管理办法	2023年1月14日	国司备字［2023008047］
大连市实施《辽宁省人口与计划生育条例》办法	2023年1月29日	国司备字［2023008169］
本溪市人民政府关于公布政府规章及行政规范性文件清理结果的决定	2022年11月15日	国司备字［2023008133］
丹东市城市供水用水管理办法	2023年1月22日	国司备字［2023008134］
吉林省电动自行车管理暂行办法	2022年12月29日	国司备字［2023008053］

续表

规章名称	公布日期	备案登记编号
长春市城镇生活污水处理厂污泥处理处置管理办法	2023 年 2 月 1 日	国司备字〔2023008059〕
吉林市人民政府关于废止和修改部分政府规章的决定	2023 年 2 月 1 日	国司备字〔2023008180〕
上海市行政执法证管理办法	2023 年 1 月 12 日	国司备字〔2023008075〕
上海市信息基础设施管理办法	2023 年 1 月 19 日	国司备字〔2023008076〕
上海市电梯安全管理办法	2023 年 1 月 19 日	国司备字〔2023008077〕
上海市行政处罚听证程序规定	2023 年 1 月 19 日	国司备字〔2023008078〕
上海市行政执法监督办法	2023 年 1 月 19 日	国司备字〔2023008079〕
江苏省建设工程造价管理办法	2023 年 1 月 30 日	国司备字〔2023008191〕
江苏省基础测绘管理办法	2023 年 1 月 30 日	国司备字〔2023008192〕
江苏省人民防空工程维护管理规定	2023 年 1 月 30 日	国司备字〔2023008193〕
江苏省船舶过闸费征收和使用办法	2023 年 1 月 30 日	国司备字〔2023008194〕
江苏省《森林防火条例》实施办法	2023 年 1 月 30 日	国司备字〔2023008195〕
江苏省建设工程勘察设计管理办法	2023 年 1 月 30 日	国司备字〔2023008196〕
江苏省地震安全性评价管理规定	2023 年 1 月 30 日	国司备字〔2023008197〕
江苏省烟草专卖管理办法	2023 年 1 月 31 日	国司备字〔2023008198〕

续表

规章名称	公布日期	备案登记编号
江苏省公墓管理办法	2023 年 1 月 31 日	国司备字［2023008199］
江苏省按比例安排残疾人就业办法	2023 年 1 月 31 日	国司备字［2023008200］
江苏产品质量监督办法	2023 年 1 月 31 日	国司备字［2023008201］
江苏省劳动模范和先进工作者评选管理工作办法	2023 年 1 月 31 日	国司备字［2023008202］
江苏省民用船舶搭靠外国籍船舶管理办法	2023 年 1 月 31 日	国司备字［2023008203］
江苏省行政执法监督办法	2023 年 1 月 31 日	国司备字［2023008204］
江苏省水产苗种管理规定	2023 年 2 月 2 日	国司备字［2023008205］
江苏省植物检疫管理办法	2023 年 2 月 2 日	国司备字［2023008206］
江苏省供销合作社管理规定	2023 年 2 月 2 日	国司备字［2023008207］
江苏省农村土地经营权流转管理办法	2023 年 2 月 3 日	国司备字［2023008208］
南京市推进城市运行“一网统管”暂行办法	2023 年 1 月 24 日	国司备字［2023007925］
苏州市人民政府关于修改《苏州市活禽交易管理办法》的决定	2023 年 1 月 13 日	国司备字［2023007761］
苏州市人民政府关于废止《苏州市企业信用信息管理办法》等 4 件规章的决定	2023 年 1 月 11 日	国司备字［2023008038］
苏州市公园管理办法	2023 年 2 月 10 日	国司备字［2023008165］
无锡市公共厕所管理办法	2023 年 1 月 30 日	国司备字［2023008166］

续表

规章名称	公布日期	备案登记编号
徐州市市区土地储备管理办法	2023年1月31日	国司备字［2023008168］
盐城市人民政府关于修改《盐城市河道管理办法》的决定	2023年1月20日	国司备字［2023008066］
浙江省家畜屠宰管理办法	2023年1月19日	国司备字［2023008061］
杭州市政府立法听证规定	2023年1月17日	国司备字［2023008135］
宁波市人民政府关于废止《宁波市政府服务外包暂行办法》等5件政府规章的决定	2023年1月16日	国司备字［2023007930］
舟山市国家级海洋特别保护区海钓管理办法	2023年2月14日	国司备字［2023008209］
蚌埠市人民政府关于修改《蚌埠市烟花爆竹燃放管理规定》的决定	2022年12月1日	国司备字［2023008178］
安庆市人民政府规章制定程序规定	2023年1月17日	国司备字［2023008074］
马鞍山市住宅小区物业管理实施办法	2022年12月29日	国司备字［2023008003］
马鞍山市机动车停车场管理办法	2023年1月18日	国司备字［2023008004］
厦门市水上旅游客运管理办法	2023年1月13日	国司备字［2023007970］
三明市生活垃圾分类管理办法	2023年2月7日	国司备字［2023008187］
青岛市测绘地理信息管理办法	2023年1月11日	国司备字［2023007921］
青岛市老旧街区改造管理办法	2023年1月16日	国司备字［2023007922］
青岛市社会医疗保险办法	2023年1月20日	国司备字［2023007923］

续表

规章名称	公布日期	备案登记编号
淄博市人民政府关于废止《淄博市房屋租赁管理办法》等2件市政府规章和修改《淄博市市政消火栓管理办法》的决定	2023年1月8日	国司备字［2023008056］
潍坊市控制吸烟管理办法	2022年12月31日	国司备字［2023007778］
潍坊市生活垃圾分类管理办法	2022年12月31日	国司备字［2023007780］
潍坊市人民政府关于修改部分市政府规章的决定	2023年1月19日	国司备字［2023007794］
日照市液化石油气瓶安全管理办法	2022年12月22日	国司备字［2023008054］
日照市生活饮用水卫生监督管理办法	2022年12月30日	国司备字［2023008055］
日照市人民政府关于废止《日照市停车管理办法》的决定	2023年1月12日	国司备字［2023008146］
滨州市工程建设项目招标投标监督管理办法	2023年1月16日	国司备字［2023007928］
滨州市公共数据管理办法	2023年1月18日	国司备字［2023007929］
河南省政府法律顾问工作规定	2022年12月3日	国司备字［2023007760］
河南省综合评标专家库和评标专家管理办法	2023年1月15日	国司备字［2023008179］
洛阳市人民政府关于废止《洛阳市行政执法错案责任追究办法》等3件市政府规章的决定	2023年1月12日	国司备字［2023008058］
南阳市市政消火栓管理办法	2022年10月28日	国司备字［2023007996］
濮阳市邮政快递管理办法	2022年12月29日	国司备字［2023008138］

续表

规章名称	公布日期	备案登记编号
信阳市多合一场所消防安全治理规定	2022年12月2日	国司备字［2023007997］
鄂州市网络预约出租汽车经营服务管理暂行办法(修订)	2023年1月13日	国司备字［2023007931］
孝感市城镇生活垃圾分类管理办法	2023年1月31日	国司备字［2023008110］
岳阳市生活垃圾分类管理办法	2022年12月14日	国司备字［2023008065］
广东省洗砂管理办法	2023年1月14日	国司备字［2023008057］
广州市校车安全管理规定	2023年1月6日	国司备字［2023007968］
深圳市人民政府关于修改《深圳市建设工程造价管理规定》的决定	2022年11月11日	国司备字［2023008150］
佛山市强对流天气灾害防御规定	2023年2月12日	国司备字［2023008167］
韶关市物业管理办法	2023年1月3日	国司备字［2023007920］
梅州市气象灾害防御规定	2023年1月16日	国司备字［2023007795］
惠州市非物质文化遗产保护管理办法	2023年1月10日	国司备字［2023008060］
中山市公共法律服务促进和保障办法	2023年2月8日	国司备字［2023008181］
湛江市重大行政决策程序规定	2023年1月14日	国司备字［2023008039］
清远市公园管理办法	2023年2月1日	国司备字［2023008182］
潮州市民宿管理办法	2023年2月6日	国司备字［2023008183］

续表

规章名称	公布日期	备案登记编号
肇庆市防御雷电灾害管理办法	2023年1月18日	国司备字［2023008143］
来宾市餐厨垃圾管理办法	2023年1月19日	国司备字［2023008190］
海南省地震预警管理办法	2023年1月11日	国司备字［2023008071］
海南省人民防空工程建设与维护管理规定	2023年1月11日	国司备字［2023008072］
重庆市地方志工作办法	2023年1月14日	国司备字［2023007932］
重庆市学生申诉办法	2023年1月14日	国司备字［2023007933］
重庆市三峡水库消落区管理办法	2023年2月11日	国司备字［2023008188］
四川省行政调解工作暂行办法	2022年12月28日	国司备字［2023007776］
四川省水资源调度管理办法	2023年1月14日	国司备字［2023007995］
广安市物业服务管理规定	2023年1月29日	国司备字［2023008189］
甘孜藏族自治州消防安全管理规定	2022年12月23日	国司备字［2023007896］
贵州省委托贵阳市贵安新区实施行政许可行政处罚规定	2023年2月12日	国司备字［2023008210］
贵州省行政规范性文件制定和监督管理规定	2023年2月12日	国司备字［2023008211］
玉溪市人民政府立法工作规定	2023年2月7日	国司备字［2023008044］
红河哈尼族彝族自治州不可移动文物保护办法	2023年1月13日	国司备字［2023007814］

续表

规章名称	公布日期	备案登记编号
西藏自治区畜禽屠宰管理办法	2022 年 11 月 18 日	国司备字［2023007998］
西藏自治区绿色建筑推广和管理办法	2023 年 1 月 10 日	国司备字［2023008185］
西藏自治区居住登记和居住证管理办法	2023 年 1 月 20 日	国司备字［2023008186］
甘肃省新型墙体材料发展应用办法	2023 年 1 月 11 日	国司备字［2023008040］
甘肃省内部审计工作规定	2023 年 1 月 12 日	国司备字［2023008041］
甘肃省消防安全信用信息管理规定	2023 年 1 月 12 日	国司备字［2023008042］
甘肃省火灾事故调查处理规定	2023 年 1 月 12 日	国司备字［2023008043］
甘肃省粮食储备安全管理办法	2023 年 1 月 12 日	国司备字［2023008064］
兰州市城市更新办法	2023 年 2 月 2 日	国司备字［2023008164］
武威市城市生活垃圾分类管理办法	2023 年 1 月 23 日	国司备字［2023008140］
金昌市城市供热管理办法	2022 年 12 月 16 日	国司备字［2023008097］
定西市消防车通道管理办法	2023 年 1 月 12 日	国司备字［2023007809］
青海省地震预警管理办法	2023 年 1 月 9 日	国司备字［2023007813］
海东市城市生活垃圾分类管理办法	2023 年 1 月 19 日	国司备字［2023008139］
宁夏回族自治区医疗救助办法	2022 年 12 月 23 日	国司备字［2023007913］

续表

规章名称	公布日期	备案登记编号
宁夏回族自治区地震预警管理办法	2022 年 9 月 30 日	国司备字［2023007914］
自治区人民政府关于修改部分政府规章的决定	2022 年 12 月 27 日	国司备字［2023007915］
宁夏回族自治区人民政府立法工作规定	2022 年 12 月 23 日	国司备字［2023007916］
宁夏回族自治区防雷减灾管理办法	2022 年 12 月 23 日	国司备字［2023007917］
宁夏回族自治区科学技术奖励办法	2022 年 12 月 23 日	国司备字［2023007918］
新疆维吾尔自治区行政执法证件管理办法	2023 年 1 月 12 日	国司备字［2023008173］
新疆维吾尔自治区机关事务管理办法	2023 年 1 月 15 日	国司备字［2023008174］
哈密市志愿服务管理办法	2023 年 1 月 4 日	国司备字［2023008137］

图书在版编目(CIP)数据

中华人民共和国新法规汇编.2023年.第3辑:总第313辑/司法部编.—北京:中国法制出版社,2023.5
ISBN 978-7-5216-3558-4

Ⅰ.①中… Ⅱ.①司… Ⅲ.①法规-汇编-中国-2023 Ⅳ.①D920.9

中国国家版本馆CIP数据核字(2023)第088506号

中华人民共和国新法规汇编
ZHONGHUA RENMIN GONGHEGUO XIN FAGUI HUIBIAN
(2023年第3辑)
编者/司法部

经销/新华书店
印刷/三河市紫恒印装有限公司
开本/850毫米×1168毫米 32开 印张/7 字数/148千
版次/2023年5月第1版 2023年5月第1次印刷

中国法制出版社出版
书号 ISBN 978-7-5216-3558-4 定价:18.00元

北京市西城区西便门西里甲16号西便门办公区
邮政编码:100053 传真:010-63141600
网址:http://www.zgfzs.com **编辑部电话:010-63141663**
市场营销部电话:010-63141612 **印务部电话:010-63141606**
(如有印装质量问题,请与本社印务部联系。)